CES FEMMES QUI
ONT FAIT L'ÉGYPTE

D'ISIS À CLÉOPÂTRE

她們的古埃及

從創世女神到末代女法老，
古埃及三千年的女性力量

CHRISTIAN JACQ
克里斯提昂・賈克——著
孔令豔、潘寧——譯

獻給法蘭索瓦絲，
我永恆的埃及女子。

目錄

前言

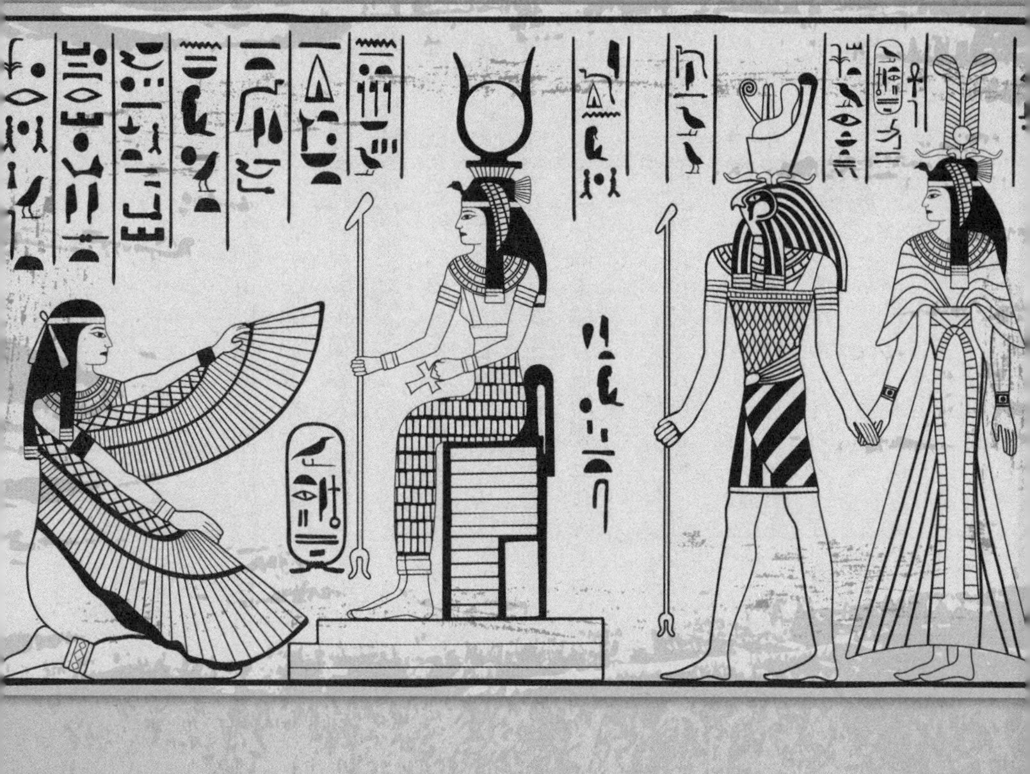

尚－弗朗索瓦・商博良（簡稱商博良）曾經如此寫道：「人們可以根據一個民族的社會組織是否支持女性來評價它的文明程度。」這位古埃及象形文字的天才破解者和埃及學之父的見解一如既往地準確。透過研究法老統治的埃及文明，商博良發現與希臘等大多數把女性放在次要地位的古代或現代社會不同的是，古埃及的女性社會地位相當顯要。

本書陳述了古埃及歷史中聲名顯赫或籍籍無名的眾多女性故事，充分展現這些女性在當時扮演的重要角色。即便在今日的西方社會，女性也未必都能獲得法老時代埃及女性所從事的工作或擔任的職務。美國及法國至今尚未出現女性國家元首；在天主教或伊斯蘭教的宗教位階中，沒有女性能夠踏足很高的等級。而在許多國家，女性尚未擁有經濟獨立、經商自由以及被贈予私產等權利。

倘若從全球視角來總覽女性的地位，我們不得不承認女性地位幾乎沒有提高，甚至在很多地方，與古埃及相比反而還降低了。

更進一步來看，古埃及女性可以成為法老，掌管外交事務。曾有一位女性掌管了一支軍隊，還有好幾位女性大祭司被委任為兼顧宗教與世俗的大型神廟負責人。有的女性管理醫生協會、經商、與自己選擇的丈夫結婚，並有權支配私有財產。

女性擁有這些行動和自由的空間得益於埃及文化的核心基礎，即法老制度。然而，我們所謂的「法老」，原義為「偉大的神廟、大居所」，不是指一個人，而是指由國王及其大王后組成的一對夫妻。他們一同管理國家，在國王因軍事或經濟活動出國時，王后負責執政。男女二人合為一體，尊嚴與職責和夫妻的概念緊密相連，這在此後三千年的埃及社會中深入人心，因為自第一個王朝開始，男女平等的觀念便已然成為埃及人的基本理念。

第一批來到埃及的希臘旅行者曾對他們的所見所聞感到無比震驚、憤慨不已：在他們看來低人一等的女人，居然在沒有丈夫或監護人陪同的情況下獨自外出，在市場上叫賣各種商品，還有能力提出離婚，並擁有本不該屬於她們的多種權利。到了古埃及統治末期，來自希臘的托勒密王朝在埃及掌權後，開始一刻不停地削弱女性的力量，要她們歸順於男性。

在法老統治的埃及社會，沒有女性退隱家中，沒有脅迫婚姻和禁足區域，也沒有強制著裝、宗教禁忌與男權至上。即使從現代社會的角度來看，古埃及女性當時所占據的地位也是所有女性想要擁有的。

為何本書的原文書名是《她們的古埃及》（*Ces femmes qui ont fait l'Égypte*）？這是因為在古埃及象形文字中，「製造/塑造/創造」這個字，是用一隻眼睛的形象來表現。在法老時代，女性不是男人的未來，而是他們的現在——沐浴在女性「神奇之眼」注視下的現在。少了它，人類將無法存在，其社會也失去意義。

chapter

1

女性的典範：伊西絲

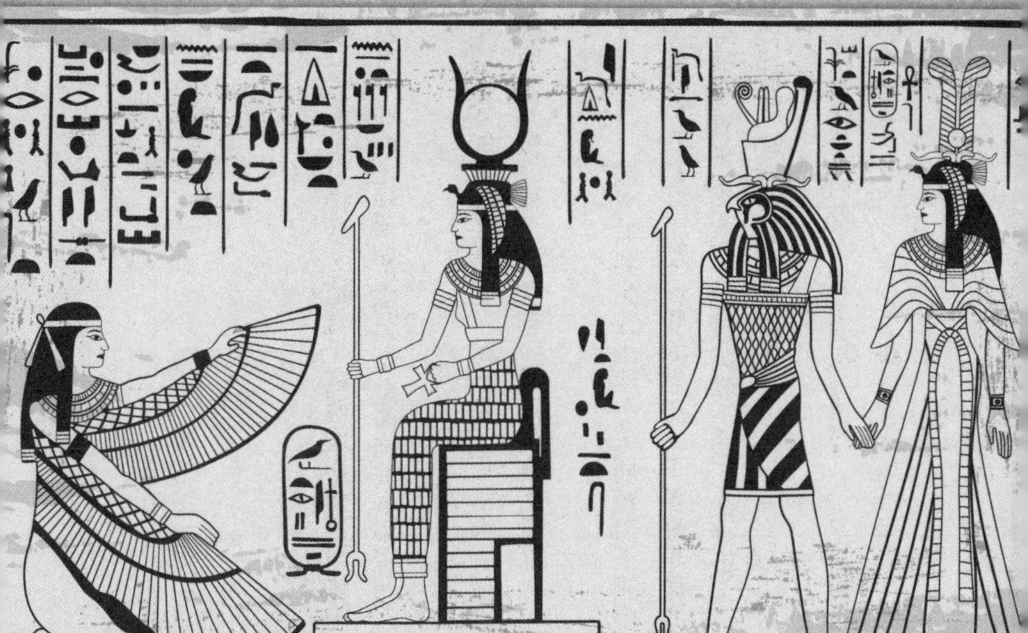

☥ 追求重生

與其他偉大的文明一樣，古埃及文明起源於一個創世神話，這就是歐西理斯和伊西絲的故事。這對國王和王后賜予子民幸福、安穩與富足。然而，噩運如影隨形，歐西理斯遭到謀殺，死神降臨，從此死亡被視為一種罪行。

誰能挺身而出與死神抗爭？是伊西絲。她如何才能戰勝死神呢？她創造了復活術，使遇刺而亡的歐西理斯復活。這解釋了為何伊西絲能成為獨一無二的女神，世間萬物因她而生，最終也回歸於她。

伊西絲的名字[1]尤其值得注意，其含義是「王座」。國王並非坐在王座上，而是自王座中孕育而生。伊西絲既扮演母親的角色，又扮演配偶的角色。上至高貴的君王，下至最卑微的庶民，所有古埃及人都是「伊西絲的後代」，只要遵守真理與正義女神瑪阿特（Maât）的法則（La règle de Maât），就可以成為瑪阿特女神的「忠誠信徒」，死後就能獲得重生。

1 在古埃及，姓名是生命的一部分，可以超越死亡而存在。例如法老的姓名決定了其統治規劃。一位女性在結婚時仍保留其姓氏。（**未標明譯註和編按者，均為原書註**）

那麼，悲劇究竟是如何發生的？在伊西絲和歐西理斯的輝煌統治下[2]，一個人間天堂般的王國在大地上誕生了。國王和王后向他們的臣民傳授工藝和技術，使人民安居樂業。直到有一天，歐西理斯的親弟弟賽特（Seth）被最邪惡的念頭「貪婪」迷了心竅。他不滿足於自己現有的地位，自覺低人一等，渴望擁有權力。於是他為達目的，選擇了令人難以置信的卑劣手段——謀殺歐西理斯。

賽特邀請哥哥歐西理斯參加一個宴會，歐西理斯又怎會有防備之心？在美酒和歡慶氣氛的麻痺下，歐西理斯接受了賽特極不尋常的提議：躺在一具棺材裡。歐西理斯真是致命的天真！這不是一個遊戲，而是死亡陷阱。密謀者和他的共犯迫不及待地封死棺蓋，並將棺材扔進了尼羅河。

然而，這個計劃百密一疏，歐西理斯居然從這次謀殺中僥倖逃生。此時，賽特已然無法回頭。淹死國王的陰謀失敗後，賽特採取更心狠手辣的方法——肢解。

賽特得逞了。作為歐西理斯的妻子，伊西絲拒絕屈服於死神的突然降臨。她是一個偉大

2 C. Jacq, *La Légende d'Isis et d'Osiris, la Victoire de l'amour sur la mort*, Paris, MdV Éditeur, 2010.

的女神，掌握著令人死而復生的祕方，於是她萌生了一個荒誕的計劃：找到歐西理斯被四散拋棄的屍塊，並將它們拼湊起來。

這個看似不可能實現的念頭最終變為現實，只有歐西理斯的生殖器被一條魚所吞食，無法尋回。伊西絲沒有絕望，她變成一種猛禽——一隻雌性的鳶，喚起丈夫身體的欲望。她說：「儘管我是女人，但我能像男人一樣。」這樣一種超越自然法則的結合，發生在一隻鳥和一個復活的人之間，結果孕育出一隻鷹，而不是一個人，他的名字叫作荷魯斯（Horus）。荷魯斯是所有法老的保護神，而法老們繼承了伊西絲——「從光明中誕生的尊者」——孕育的生命傑作。

作為伊西絲之子與荷魯斯的化身，法老是古埃及連接天與地的紐帶，為執政的藝術注入永恆的希望。

在誕下一位新國王之後，伊西絲擊敗了罪惡的死神。然而，她的戰爭尚未結束，因為賽特試圖除掉年輕的荷魯斯。於是，伊西絲把自己的兒子藏匿於尼羅河三角洲的沼澤地深處。那是一處危機重重的地方，棲居著可怕的生物，例如蛇和蠍子。伊西絲為王權平穩過渡到救世主手中保駕護航，因而成為偉大母親的楷模。

☥ 唯一洞悉「光明之神」真名祕密的人——伊西絲

每天清晨，光明之神「拉」（Râ）穿越黑暗，戰勝虛無，重生於世間。在古埃及的象形文字中，光明之神的名字是由代表語言表達的嘴唇形狀和動作執行的手臂形狀組成的。而祂真正的名字是一個至高的祕密，神靈和人類皆不知曉。

作為重生力量的掌控者，伊西絲難以抵禦這一祕密的誘惑。但如何能洞悉這項祕密呢？伊西絲收集到「拉」的一些汗液，其中包含「拉」的部分元神，她把汗液和泥土混合，塑造了一隻爬行動物。這隻怪物能吞噬光明之神，使其飽嘗痛苦，並將其推向死亡之門。

如此一來，除了向伊西絲求助，光明之神還能求助於誰呢？唯伊西絲有能力消除毒物的影響，保護光明之神。但是，伊西絲提出一個要求：作為醫治光明之神的交換條件，她要求獲悉光明之神真名的祕密。

光明之神想盡辦法誘騙伊西絲，後來無計可施，只能答應伊西絲的條件。伊西絲變成了光明之神真名祕密的知情者，這一特權賦予了她無與倫比的地位。

令自然復甦的伊西絲

埃及享有上蒼獨一無二的饋贈——尼羅河。每當土壤龜裂，滋養大地的尼羅河進入枯水期時，人們開始期待神蹟的降臨。帶來富饒的河水何時能再漲起來呢？

夏日來臨，酷熱難耐，人們愈發陷入恐慌之中。難道再無活路，只能坐以待斃嗎？占星師們站在神廟的穹頂上忙碌著，他們是否能在天空中尋覓到吉兆？

所謂吉兆，是指天狼星神索普德特（Sopdet）的出現。索普德特在夜空閃耀之時，即為伊西絲面對歐西理斯的屍身拋珠灑淚、令其復活的時刻。此時尼羅河水位暴漲，那是大自然賜予的真正生命之源。河水挾雷霆之勢奔湧而來，毫不遲疑地將從南部帶來的豐沃淤泥布滿大地。

伊西絲使用法力將自己的頭髮變成紙莎草，用以抵禦乾旱和貧瘠。她用生命之河灌溉大地，為整個國家注入活力，就如同她使歐西理斯復活一樣。

☥ 伊西絲的島嶼——菲萊島（Philæ）

在古埃及南部地區、尼羅河形成第一座瀑布的地方，有個神奇之地。在礁石和水道之間，當陽光投射在水面上，反射出迷人的光芒，這裡有兩座島嶼——菲萊島和碧奇島（Biggeh），是伊西絲和歐西理斯傳說的搖籃。

然而，由於當地建設了兩座水壩，特別是第二座水壩的建成影響了氣候環境，島上的諸多神廟漸漸被水淹沒，不復最初景象。為了避免伊西絲最後的神廟消亡，人們不得不把神廟原址拆除，又在附近一個地勢較高的小島上一磚一瓦地重建了神廟。

乘坐一艘小艇就可前往菲萊島一探究竟，尤其是在黎明之前，看太陽從此處冉冉升起，照耀著埃及最偉大女神的領地，那是一種令人永生難忘的體驗。

上埃及地區丹德拉（Dendera）的居民保留著為伊西絲女神慶祝誕辰的習俗。此外，女神的聖地還有多處，例如位於尼羅河三角洲的拜赫貝特．埃爾－哈格（Behbeit el-Hagar），但菲萊島是存在時間最長的聖地，直至基督教徒進入，女神最後的信眾才徹底消散。

在信徒的眼中，伊西絲是宇宙的創世神、蒼穹和群星的統治者、生命的女主人和光明之神的女性化身，也是智計無雙的大法師[3]。無論前世、今生還是來世，伊西絲賜予眾生福祉，因而她的聲名不僅遠播至地中海周邊，甚至到達與古埃及相距遙遠的地方，比如東歐。在波蘭的格涅茲諾（Gniezno）大教堂裡，就保存著關於歐西理斯神話題材的浮雕。

對伊西絲的信徒來說，了解生與死的奧祕是最重要的事[4]。對於伊西絲的崇拜成為基督教的強勁對手。儘管基督教最終取而代之，但聖母瑪利亞形象的靈感來自伊西絲。

☥ 王后伊西絲

圖特摩斯三世（Thoutmosis III，西元前一五〇四年－前一四五〇年）是埃及歷史上最負盛名的法老之一。為了保護埃及並維護中東地區和平，他主張採取強硬的外交政策。除此之外，作為一個嚴謹、審慎的王國締造者及管理者，他關注民生，對民眾的健康和衛生尤為重視。

3 L. V. Žabkar, *Hymns to Isis in Her Temple at Philæ*, Hanovre-Londres, University Press of New England, 1988.

4 F. Junge, « Isis und die ägyptischen Mysterien », in W. Westen-dorf, *Aspekte der spätägyptischen Religion*, Wiesbaden, Otto Harrassowitz, 1979, pp. 93-115.

圖特摩斯三世也是一名優秀的文人，對於古文字興致濃厚，並從中受到啟發，撰寫了一部偉大的著作《密室錄》(*Livre de la chambre cachée*)。這本書描述王室成員的靈魂歷盡磨難，穿越幽閉的地下空間進入輪迴的過程。歷經這種古埃及煉金術式的漫長過程，靈魂得以重生，最終化為一輪新日。這部著作以一幅巨大莎草紙卷的樣子被畫在帝王谷中圖特摩斯三世墓室的牆壁上。

這座永恆冥所中的一座石柱展現了樸素卻內容豐富的資訊，其中就有這樣一個令人驚嘆的畫面：一位從樹中出現的女子正在為少年模樣的國王哺乳。得益於這天賜的至純乳汁的哺育，國王方能成長為可擔重任的一國之君。

畫旁的說明揭示了這位樹中女神的名字，她就是伊西絲。同時，伊西絲也是圖特摩斯三世凡間母親的名字。兩個女人，一神一人，融合成一個統一的人物形象，既闡釋了這位偉大母親的傳說，又彰顯了伊西絲女神慷慨的仁慈之心，成為埃及女性的典範。

chapter

2

第一王朝的
首位女法老

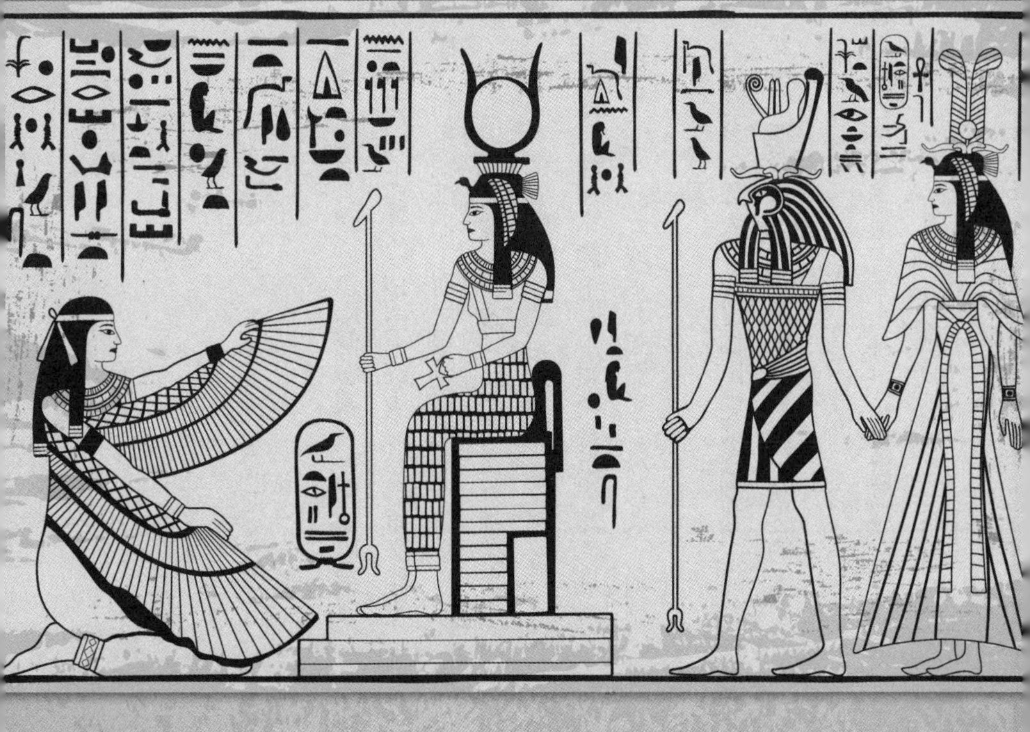

法老文明的起源一直引人猜測，普遍存在從「外族入侵說」到「外星人創造說」等各種假說。最新的考古發現終於揭開了這個謎團。

大約在西元前三千三百年，古埃及沒有中央政府統治。它分為兩個區域：一個是尼羅河三角洲或稱「下埃及」地區，另一個是尼羅河谷地或稱「上埃及」地區。國內分布著眾多和平相處的部落。尼羅河三角洲地區遍布沼澤、環礁湖和遼闊綠地；而尼羅河谷地上，曲折的大河以蛇形蜿蜒穿越兩個荒漠。部落以瞪羚、獅子、公牛、大羚羊為名，非常重視自身獨立和主權。[5]

最終，來自魚貓部落的那爾邁（Narmer）統一了所有部落，將上、下埃及合為一體，這一壯舉從那時起就被刻畫到法老的王座上。法老制度誕生，註定成為人類歷史上最長久、最穩定的政權體制。

那爾邁稱自己為美尼斯（Ménès）——創始人、強者、偉人。在這個由那爾邁創建、無堅不摧的政權基石上，一代又一代王朝由此建立起來。而從第一個王朝開始，一位女性的名字

5 *Et l'Égypte s'éveilla*, Paris, XO Éditions, 2010-2011, 3 vol. 這本書曾提及古埃及未達成上、下埃及統一的動盪時期。

就此浮現出來，她就是梅－奈特（Mer-Neit），意為「奈特所愛之人」。

奈特到底是誰？答案是：宇宙的創造者。基督徒稱之為上帝聖父，而古埃及人稱之為「父母女神」，因為以交叉雙箭為標誌的奈特女神既是眾父之父，也是眾母之母。她自我創生，並創造其他生命。

奈特女神使用七句聖言孕育了世界，其中第七句聖言與造物聖言密切相關，後來就成為生命的象徵。除了「孕育無數生命的原始能量之海」這一比喻之外，還有什麼措辭可以更恰當地形容她呢？奈特是一種能量波，可以活化母體環境，並使生命旺盛繁殖[6]。我曾與多位物理學家探討過，他們認為從科學角度來看，這絕非無稽之談。

第一王朝的國王和王后將「戰神」阿哈（Ahâ）與被稱為「和平奈特」的奈特－霍特普（Neit-Hotep）聯繫在一起，這絕非偶然。因為戰爭與和平、爭端與安定、鬥爭與和解都是必要的。矛盾的兩極不可分割，共同保證了國家的平衡。[7]

南北的聯合、上下埃及的統一、男女兩性的融合、國王與王后的共治：法老制度此一重

6 奈特女神幻化為一隻甲蟲。牠可以自體受精。

7 《我是他和她》（*Je suis IL-Elle*）確立了創造者原則（Textes des Sarcophages II, 161a）。

要特徵，透過在北部薩卡拉（Saqqara）[8]和南部阿拜多斯各興建一座象徵王室永恆不朽的陵墓，得到了充分體現。

首位女法老梅－奈特擁有兩座不朽的陵墓：薩卡拉三五〇三號陵墓和阿拜多斯Y陵墓。英國考古學家皮特里（Petrie）認為此事的含義不容置疑，因為梅－奈特是第一王朝第四位君主、首位女法老——無論從國家、立法還是社會角度來說，如此安排都是理所當然的。

梅－奈特法老的兩座陵墓與王朝其他君主的陵墓相比毫不遜色，阿拜多斯的那座陵墓甚至可說是古埃及最宏偉壯觀的陵墓之一。墓室深置於一口井下，上有磚牆覆蓋的拱壁。八座拱頂之下擺著大量的花瓶、盆罐和眾多儀式用品，象徵一場永遠不散的盛宴。這座雄偉陵墓的地面覆蓋著鑲木地板，上有木製屋頂。

東邊兩座石灰岩的大石碑上刻有梅－奈特的名字。「卡」（Ka）——這位女王強大不朽之創造力——的僕人們在此向她致上敬意並永誌懷念。而依照王室慣例，王室成員被葬在法老四周，以求跟隨這位人間和天堂的中介者一同進入天界。七十七名女僕永久陪伴君側。這個數

8 譯註：薩卡拉是埃及境內一個古代大型墓地，位於開羅以南約三十公里。

字毫無疑問具有某種永恆保護的象徵意義。

☥ 奈特女神，編織者的典範

在埃及，烏托邦和教條式思維是不受歡迎的，因此所有精神層面的追求都需要透過物質來表達。在第一王朝備受尊崇的奈特女神是當時女子學校的重要學科——編織藝術——的發明者。

「編織」和「創造」是相近的行為。編織體現了創造的祕密與本質。所有的服裝都源自最初始的一件衣服，那就是歐西理斯的白色連身衣[9]——與復活有關。

手與思想密不可分。編織工作需要把生活中的眾多元素連結起來，從而創造出一件和諧的作品。「打結」（*tches*）這個多義詞既可以指「神奇、有效的話語」，也可以代表接合神廟石塊的「鳩尾榫」。

9 編按：tunique，一種連身、直筒服裝，通常長度及膝或至大腿處，在不同文化和時代有不同的風格及用途，有些是日常服裝，有些則是禮服或儀式用服裝。

編織這種源自歐西理斯的服裝（被稱為「堅固而緊密有序」），有助於戰勝無序和死亡，而「編排」好的話語同樣可以驅除不幸。「尊者」香塔伊（*Chentayt*）在「生命之屋」編織細布帶，用於包裹歐西理斯的光明之軀，以及繫牢天堂之梯，幫助法老靈魂重返誕生之地。

在這個古老的帝國裡，到處可見這種起初僅限於女性製作的編織物。後來男性也學會了編織。各種編織工坊可以製作儀式用服裝、連身衣、單片裙、長袍、床單、繃帶……一塊織布甚至可長達二十二公尺！

創造／編織生命——這就是古埃及首位女法老的目標。

chapter

3

掌舵的王后

統一上、下埃及並非易事。儘管困難重重，但最初兩個王朝的統治者還是透過各種宗教儀式、象形文字系統、有效的行政管理以及社會凝聚力，成功地確保國家統一。

大約西元前二七〇〇年，出現了一個重要里程碑：第二王朝末代國王的王后揭示了統一的關鍵，從而對古埃及史的延續發揮了重要作用。

成功建國的關鍵在於尼－赫帕－瑪阿特（Ny-hépet-Maât）王后，她的名字意為「由瑪阿特掌舵」。

寥寥幾字卻包含了多麼重要的訊息！尼－赫帕－瑪阿特王后提出了極為重要的「政治」綱領，被視為第三王朝的始祖，這個王朝以左塞爾（Djéser）和第一座石砌金字塔而聞名。

首先，最重要的資訊是「舵」（hépet，王后名字中的「赫帕」）。古埃及人不把國家比作「戰車」，而比作「船」，皆因尼羅河就彷彿一條高速通路，河上無數船隻川流不息，既有簡陋的單人小艇，也有大量載重的運輸船。

人類的存在被比作航行。如果善於掌舵並能沿著正確的航線前進，靈魂就會抵達良港。

尼－赫帕－瑪阿特王后帶來了一道根本的啟示：能夠指引國家朝正確方向前進的舵不歸人類掌管，而是掌握在一位神祇手中，即女神瑪阿特。

「瑪阿特法則」一方面如同那些不朽靈魂棲息的雕像下之基座，永恆且不可動搖，沒有任何事物能摧毀它；另一方面，它也如同建造神廟的測量基準單位「肘尺」[10]，以及引導方向的船舵。

女神瑪阿特的頭上插著一根鴕鳥羽毛，象徵引導鳥類行進方向的舵羽。「瑪阿特法則」作為法老文明的基礎，無論在天上還是人間，都代表著精準性與由此衍生的正義，以及動態的秩序、和諧的創造與真理。每位法老在統治中都遵循「瑪阿特法則」，即正直、公正的原則，以確保眾神、統治者和社會之間的協調一致。沒有人能凌駕於「瑪阿特法則」之上，任何不遵循此一法則的人都註定要失敗和死亡。

「瑪阿特法則」永遠對立於伊斯費特（isefet）。「伊斯費特」一詞代表毀滅、不公、墮落、懶惰、謊言，以及所有帶來黑暗與邪惡的概念。也因此，法老的首要職責就是讓「瑪阿特法則」凌駕於伊斯費特之上，以秩序取代無序。是故，法老制度不只是純粹的政治體制，還具有精神及形而上的意義。

10 譯註：肘尺又稱腕尺，是古埃及的長度單位，即一肘的長度（從手肘到中指尖的長度）。

從法老的行為到普通人的一舉一動，都可以看出「瑪阿特法則」的精神。正因如此，古埃及文明既沒有經歷過暴政，也與奴隸制無緣。充分體現「瑪阿特法則」的法老制度，是以保護弱者免受強者的侵害為要務。誠如我們在許多例子中所見，「公正」是古埃及社會的核心價值。即便是普通農民，也有機會在與貴族的訴訟中占得上風，國王不會強行下達法令進行干預。「瑪阿特法則」確保了國家的穩定及繁榮，而每當內部因素或外敵入侵破壞此一法則，埃及就會陷入衰落與動盪。

除了她的名字，我們對尼－赫帕－瑪阿特王后幾乎一無所知，但這個名字為我們帶來寶貴的啟示：如果說「瑪阿特法則」從第一王朝開始就支配著這個法老制國度，那麼，第二王朝的結束則標誌著一個重要的里程碑。尼－赫帕－瑪阿特王后與她的夫君鄭重昭告天下，他們將遵循「瑪阿特法則」治國，而這項方針促成了第三王朝的誕生。第三王朝的左塞爾和他的總建築師印何闐（Imhotep）在薩卡拉建造了一座階梯金字塔，也是第一座由方石建成的巨型紀念性建築。

chapter

4

古夫之母的祕密寶藏

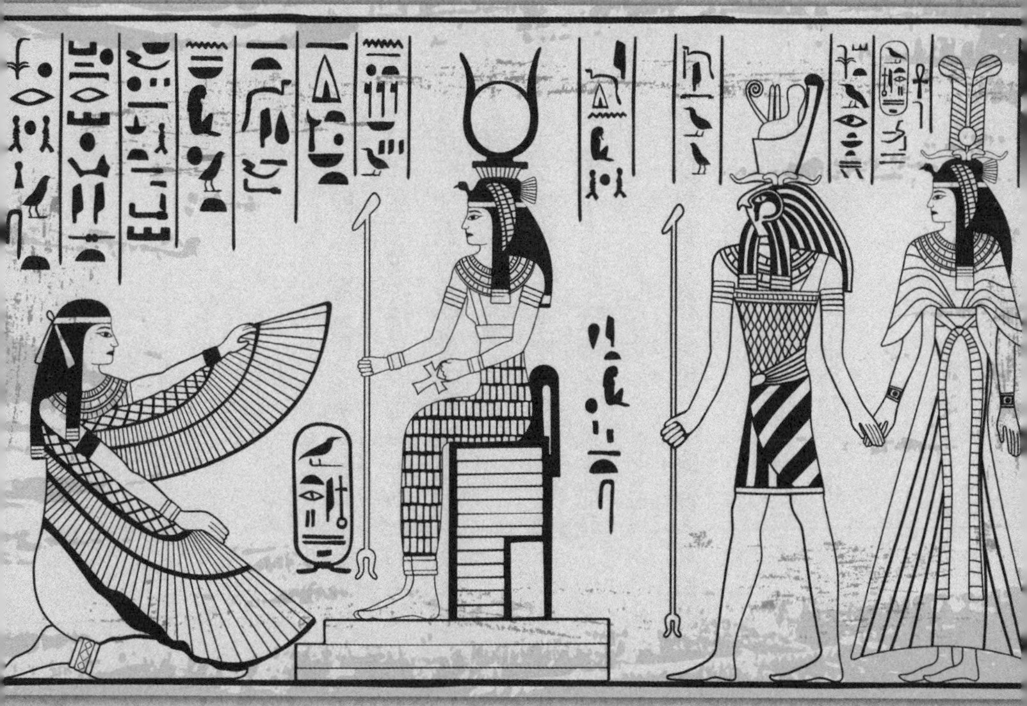

非比尋常的考古探險

在吉薩（Guizeh）的考古遺址上，矗立著聞名於世的三大金字塔：古夫金字塔、卡夫拉金字塔和孟卡拉金字塔。世人誰不想來此參觀一番，探尋究竟？金字塔是廣袤陵墓區上的標誌性建築，在三位君主的陵墓周圍，合葬著男女宮廷成員。他們曾負責管理第四王朝（西元前二六一三年－前二四九八年）的埃及──一個穩定、富足而強大的國度。

一九二五年二月，美國考古學家雷斯納（Reisner）決定挖掘古夫金字塔東側的陵墓。熱衷於攝影的雷斯納要求隨行攝影師盡可能多拍照，因此必須帶上攝影機腳架，最終促成了一場非凡的大發現。

當時，腳架的其中一隻腳陷入一個坑中。攝影師俯身查看，竟然發現了一層掩人耳目的石膏，看起來與地面的石塊幾可亂真。

這時輪到考古學家雷斯納上場，一個念頭在他腦海裡盤旋：這裡會不會藏著一座完好無損的陵墓？接下來的首要任務是清理工作。結果果然沒有令人失望！眼前赫然出現了通往陵墓必經的臺階，而且它看來幸運地躲過了盜墓之劫。

臺階的終點是一口井。清空這口井，花了十幾天時間。我們不難想像那些挖掘者高張的熱情。發現祕密寶藏的希望越來越大！

起初，人們在十幾公尺的深處挖掘出一個簡陋的壁龕，裡頭擺著一些啤酒甕、一個頭骨和用草蓆裹著的幾隻公牛蹄。這些祭品可使陵墓的主人免於口渴，並保證他擁有公牛的強大生育力，而公牛正是法老的化身之一。

挖掘者們繼續下探，直到地下二十五公尺的通道盡頭。他們的一番辛苦是否付諸東流？不，眼前出現了一個石栓，墓穴的入口顯然就隱藏在其後！

終於，一九二五年三月八日，他們成功跨入陵墓入口，進入金字塔時代最偉大的王后之一赫特－菲莉絲（Hétep-Hérès）的祕密領地。

☥ 祕密寶藏

這座如同地下聖物箱一樣被精心掩藏的陵墓裡，究竟有什麼寶藏？無數不可或缺、精美絕倫的象徵性陪葬品環繞在古埃及帝國一位偉大王后的身邊，陪伴王后的靈魂穿越美麗的冥界之路，在眾神的陪伴下永生不朽。[11]

雷斯納和他的團隊花了三百二十一天才把林林總總的珍寶帶回地面。一千多張照片和一千七百頁的技術檔案記錄了全程的挖掘工作，載入史冊。

首先出土的是專為冥界的永恆盛宴準備的金銀餐具，以及彰顯王后莊嚴美麗的各種首飾，尤其值得一提的是以當時的珍稀白銀所製成的手鐲，有青金石、紅玉髓和綠松石打造的蝴蝶鑲嵌其上，象徵變形與重生。

遍覆金箔的獅爪床隨之出土。它並非人間的普通家具，而是復活之床，暗含著獅子象徵的永恆覺醒之意。

一頂由十根金杵和四根木杵撐起的巨大華蓋[12]，能在王后出行時提供愜意舒適的蔭涼；另外還有一張飾以金箔的黑檀木轎椅，提醒我們這位偉大王后還有另一個令人驚奇的頭銜：「為

11 關於該陵墓的考古發掘與研究，請參閱 G. A. Reisner, *A History of the Giza Necropolis*, vol. II, W. Stevenson Smith, *The Tomb of Hetep-Heres, the Mother of Cheops*, Cambridge (Massachusetts), 1955 ; M. Lehner, *The Pyramid Tomb of Hetep-Heres and the Satellite Pyramid of Khufu*, Mayence, 1985。

12 高二點二公尺，寬三點五公尺。

荷魯斯和賽特當轎椅的偉大女性」，即這兩位神祇在法老身上合二為一，由王后托起。「赫特」（Hétep）一詞意為「轎子」，也是王后為神廟祝聖時使用的一種權杖的名稱。

赫特－菲莉絲陵墓出土的物品經過修復後在開羅博物館展出。這些傑作以簡潔線條和獨特的現代感，令遊客嘆為觀止。

☥ 赫特－菲莉絲是誰？

以黃金刻畫的象形文字——黃金代表成功的歐西理斯轉化過程（由死亡到復活）——揭示了墓主人的身分：她是赫特－菲莉絲，「體現圓滿之女性」[13]。這些文字還揭示了她的多重身分：上埃及和下埃及國王的母親、荷魯斯的伴侶，金合歡聖所裡的屠夫聽命於她，完成她的所有指示。她是神的女兒，出自神的血肉。

赫特－菲莉絲是法老斯尼夫魯（Snéfrou，西元前二六一三年－前二五八九年）的妻子，斯

13「赫特」意即「完成、圓滿、和平、日落」。

尼夫魯雖常被人不公平地忽視，但古埃及人認為他是出類拔萃的「好國王」。英明過人的斯尼夫魯在位時，在吉薩以南的代赫舒爾（Dahchour）建造了兩座巨大的金字塔。人們普遍認為赫特－菲莉絲是古夫的生身母親，但我們對此應抱持謹慎態度，因為「國王之母」、「國王之子」、「國王之女」等稱呼不一定指稱嚴格意義上的親子關係[14]。即使對於「法老的兒子」這樣的稱呼，也應理解為「王室的子嗣」才更恰當。令人遺憾的是，儘管有一些無可爭辯的研究支持這項看法，但大多數埃及學家依舊不予採納。例如，今天我們仍可在一些書中讀到拉美西斯二世有幾十個子女，但其實這些合葬在帝王谷最宏偉陵墓裡的所謂「子嗣」，只是宮廷成員。

除了「國王之母」這個最重要的身分之外，赫特－菲莉絲還領導著一群被稱為「金合歡的屠夫」（Bouchers de l'acacia）的男性，而金合歡與歐西理斯的復活相關。眾屠夫打敗了賽特——殺害歐西理斯的凶手——並宰殺牛和其他動物、化為天堂盛宴中的美食。

前文提到的女神奈特和女神哈托爾的女祭司都是赫特－菲莉絲王后的下屬。哈托爾的名字意為「荷魯斯的聖堂」，也就是供奉並保存王室精神的聖所。作為女祭司們的首領，偉大的

14 主要參見M. A. Nur El Din, *Orientalia Lovaniensia Periodica 11*, 1980, pp. 91-98 ; A.-S. Naguib, *Studies Kakosy*, 1992, pp. 437-447.

赫特－菲莉絲王后會舉行慶祝儀式，宣揚哈托爾這位蒼穹與星辰女神的存在；創造出綠松石、祖母綠和孔雀石的哈托爾是「黃金色的」，因為埃及神祇的身軀都由黃金構成。她化身為一頭巨大的神牛，用牛奶——後來成為銀河——滋養星辰和法老們。而且我們必須指出，如果男人復活後是歐西理斯，則復活的女人既是哈托爾、也是歐西理斯。

七尊者身上纏著紅線編成的細布帶，將邪惡的力量囚禁在細帶上的結裡；她們是善良仙子的祖先，為所庇護的人帶來健康、幸運和其他眾多福祉。為了盡享歡樂，她們手牽手連成一排，隨著手鼓的節奏翩翩起舞。

♀ 一口神祕石棺

發現古王國時期一個完好無損的陵墓已經是非凡的成就了，但挖掘者們還期望獲得另一項成就：把來自遙遠時代的王后木乃伊完整取出。她的雪花石棺深藏在上方沒有其他建築、如此隱蔽的陵墓底部，開棺後能否發現終極寶藏？一九二七年三月三日，眾多學者為了赫特－菲莉絲而匯聚一堂。

結果令人大失所望！石棺內竟然空空如也。雷斯納是偵探小說愛好者，編造了一個離奇的故事來解釋空石棺，不幸的是，一些所謂「正經、嚴肅」的學術或歷史書籍與文章，也轉述了此一不經之談。

不過，發現空石棺並非僅此一例，第三王朝法老塞漢赫特（Sékhemkhet）也有同樣的雪花石棺，儘管它完好無損地密封著，裡面卻空無一物。

金字塔並非一般意義上的陵墓，而是永生之地，將凡人變成不朽者的所在。赫特－菲莉絲的丈夫斯尼夫魯法老建造了兩座巨大的金字塔，其中一座用來殮藏經過防腐香料處理的屍身，另一座用來安放非物質的靈魂。

赫特－菲莉絲的陵墓裡有一個封閉的壁龕，龕內有四個存放內臟的卡諾匹斯罐（des canopes）[15]，這些經過特殊處理的內臟可以得到荷魯斯四個兒子的保護。他們主掌死後重生，代表死者往生後成功復活的過程。

15 譯註：在埃及有關葬禮的信仰中，荷魯斯的四個兒子專門負責管理裝有死者的胃、腸、肺和肝臟的四個罐子。

chapter

5

女性管理者

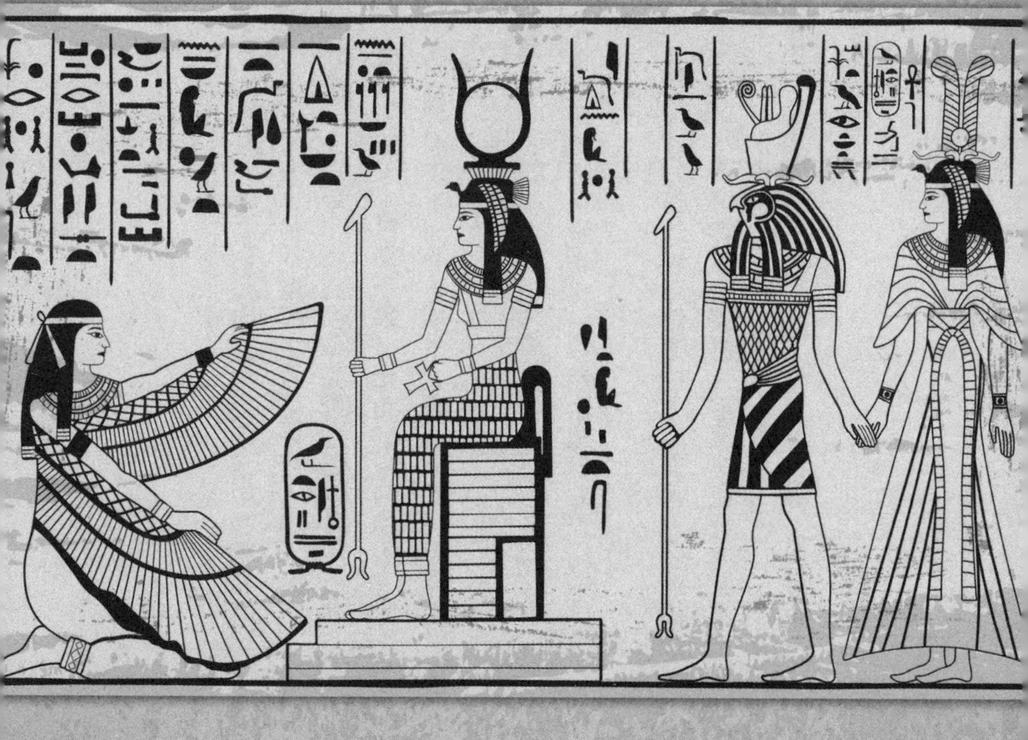

古王國時期的馬斯塔巴墓[16]並非代表生命消亡的陵墓，而是恰恰與之相反！當中和墓葬有關的部分，由下葬用的井、停放石棺與木乃伊的墓穴組成，另外還有生者可以進入的活動空間。這個區域大小不一，從小禮拜堂到擁有眾多房間、裝飾日常生活場景的建築群都有。這是因為對馬斯塔巴墓來說，重要的並非死亡，而是生活——豐富多采、充滿歡樂的生活。此處關於宴會、遊戲、體育及音樂活動的描繪，為我們提供了關於古埃及人農業活動、手作工藝等日常生活的大量訊息。

這些極其豐富的文獻讓我們認識了一位「神聖光明的僕人」——赫梅特－拉（Hémet-Râ）夫人[17]。她有令人尊敬的名字和強烈的個性！在金字塔時代，她領導著一個由男性雇員組成的行政機構！

她的得力助手是她的總管，而她的雇員是一些文官，由此可知赫梅特－拉夫人的層級很高，因為在當時，人們需要經過多年學習，才能夠擔當文書方面的職位。當然，在農場做書

16 根據阿拉伯詞語來理解，馬斯塔巴（mastaba）意為「石凳」。這種墓是古埃及貴族的一種古墓。它的上部結構被設計為梯形六面體狀。

17 H. G. Fischer, *Egyptian Women*, p. 9.

記工作和擔任王室文官之間還是有著天壤之別，前者負責監管穀倉儲糧、為牲畜計數；後者則是國家高層身邊的人馬。而一名女性能夠管理一支男性公職人員團隊，證明了她的能力，以及她被賦予的行動自由、所享有的尊重。

埃及文明誠然是一種「石頭文明」，卻也同時是一種建立在文字之上的文明。與長久以來被歪曲傳播的成見相反，很多上、下埃及的居民具備讀和寫的能力。人們不拘泥於題材，並且孜孜不倦地撰述，以多種文書形式記載了生活的點點滴滴，例如雇傭合約、房屋銷售合約、各式各樣的清單、員工排班表等。

毫無疑問，赫梅特－拉夫人擔任一個重要職務，也與她在神廟——埃及社會的基層經濟組織——當中工作的同事一樣，毋需為生計擔憂，因為她個人私有的耕地可以生產必需的食物。女人們和男人們被分成四個小組，輪流執行多項任務，從準備日常儀式到社區共同財富的管理工作都有。

今日，在許多國家，女孩的出生不是什麼好消息，前途不甚樂觀。在古埃及卻非如此。這位夫人的成功不是特例。

奈特安卡（Nékânkh）是一名社會顯貴人士，也是好幾個男孩和一個女孩的父親。由於年紀大了，他考慮將在神廟服務的工作傳給後代，而他對女兒和她的兄弟們一視同仁，沒有讓女兒的權益受到任何損害，公平分配了子女的工作量與責任。

chapter

6

「東方美人」：創造式能量的僕人

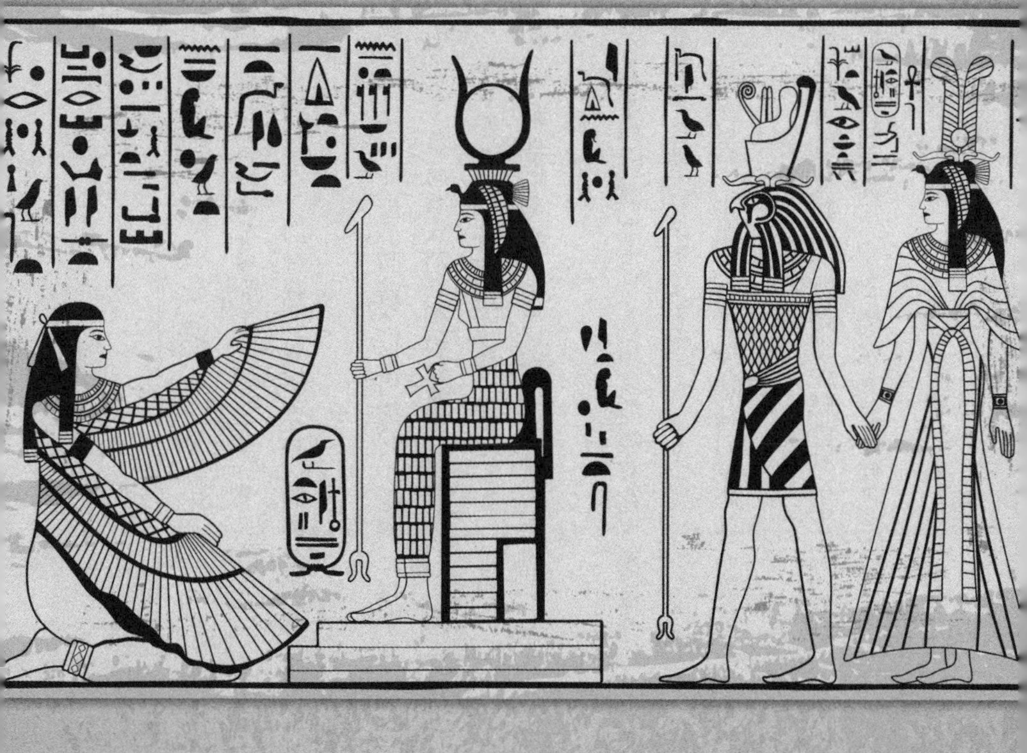

誰能不為埃及龐大的紀念碑和其極具特色的建築所傾倒？今天，人們在進行浩大的工程時，往往喜歡用「如同法老時代一般」來形容工程的宏大，而且我們發現，古代的建築師找到了將創造性力量體現在石頭上的祕訣。

這種力量被稱為「卡」(ka)，它的象徵動物是野牛，連拉美西斯二世這樣的年輕國王也要學著馴服的可怖四足野獸。「卡」即為「創造性力量」，書寫形式為高舉的雙臂，而形似的「kat」一字意味著「工作」和「作品」。法語的「工作」(travail)一詞源自拉丁語「*tripalium*」，意為一種「折磨」。對此，古埃及人並不認同。與之相反，對他們來說，工作提供了能量，而這正是催生和發展創造性力量的泉源。

這股力量驅動了世間的生物，而且優質的食物中包含著「卡」，食用者能吸收它、獲得活力，但工業產品和受到污染的產品是死的，沒有「卡」蘊含其中。

最強大的「卡」為法老所有；王家的「卡」是不朽的，生生不息，一代代君主相傳，使其能生氣蓬勃地打造他們的國家和治理國民。

維持和供養「卡」並確保其力量增長，是非常根本的任務，而這是為什麼會有「卡的僕人」存在的原因。在古埃及人眼中，他們從事著極為重要的工作。「卡」的僕人負責向那些被尊為

「公正／正義之聲」的人（Justes de voix）其不朽靈魂中的「卡」表達崇敬，藉由精心裝飾的神殿和塑像，讓這些被視為「公正／正義之聲」的人在塵世得到永生。

「卡」的女性僕人和那些男性一樣，定期為亡者敬獻香水、香膏、酒罐、啤酒、牛奶、水、麵包、肉、水果和蔬菜。當她們高聲一一念出這些祭品的名稱，能讓亡者的「卡」吸收祭品當中微妙、非物質的部分。然後，這些食物和物品被獻祭之後，會被分發給活著的人。我們可以說這是「先人的節約之道」，而這一點在當今社會卻被人們遺忘了。埃及人稱先人為「前面的人」，他們指引我們前行，啟迪我們的智慧；沒有他們，社會就不會有凝聚力。

有資格於男性的永恆殿堂中獻祭——有的是為父親、丈夫，有的是為朋友——的那些「卡」的女僕當中，我們銘記一位「東方美人」：娜菲蒂貝特，因為她在石碑上展現的美麗而永垂不朽。[18]

娜菲蒂貝特穿著能體現其職務神聖性的豹紋服飾，因為豹紋的斑點讓人聯想到天上的星辰。她的左手按在心臟上，那裡是儲存意識、知覺、信仰等人類精神力量的地方，右手伸向

18 Stèle Louvre E 15591, p. 47. 石碑造於古夫統治時期。

一個盛滿祭品的祭壇，讓當中的「卡」不斷湧出。這場盛宴準備了千百頭牲畜、堆積成山的麵包、取之不盡的啤酒，還有葡萄酒、蔬果和各種純淨好食材，再加上香薰油和香粉、華麗精美的織物……這一切都是為了確保亡者的「卡」在另一個世界享有幸福與富足。

「卡」這個詞也可以指稱公牛——穩定和力量的象徵。坐在牛蹄腳凳上的娜菲蒂貝特是這一整個奇蹟——同時來自大自然與人類勞動之成果——的主事者，而這不可思議的過程也可以將「卡」的女僕的靈魂引領上天，為她開啟那位主宰無限宇宙的天神神殿大門，並確保她安然前往另一世。

娜菲蒂貝特用純淨的水來讓「卡」復活。這種祝聖之水不僅是一種液體，更是一種源自太古之海的能量。它能淨化生物，使它接觸過的任何事物都失去致命性。

美麗動人的凱迪森夫人（Kétisen）也是一位「卡」的女僕。有一面淺浮雕保存了關於她的記憶[19]，當中值得注意的是，（浮雕上的）「神語」象形文字都是指向她，而非她的丈夫。凱迪森夫人的丈夫胡蒂（Houti）十分景仰自己的妻子；浮雕上，這對夫妻面對面，身高相等。凱

19 該淺浮雕來自開羅博物館，編號CG1398（出自薩卡拉地區第八十八號馬斯塔巴墓）。

迪森夫人從食物的「卡」中獲益滿滿，透過一一唱名攝取了祭品的精華，而胡蒂確保他所愛的女人將永遠幸福快樂、擁有必需的能量。這對夫妻一起歡慶這場永恆的盛宴。

chapter

7

「熱愛生命」的女性團體

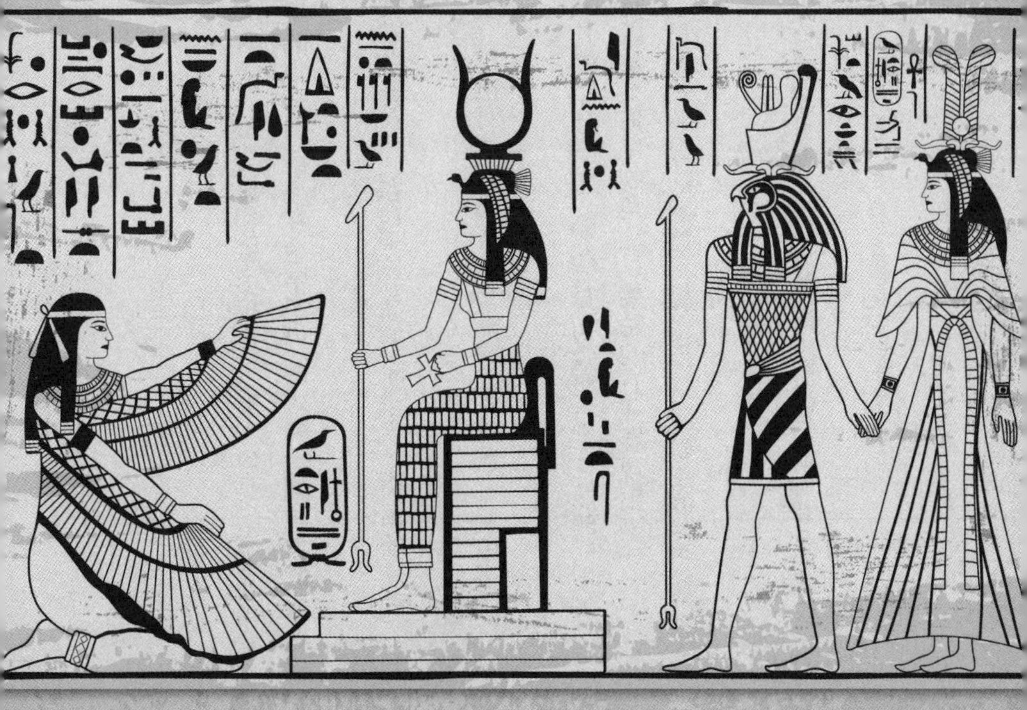

吉薩平原上的三座金字塔——第四王朝的古夫、卡夫拉和孟卡拉金字塔，彷彿主宰著這個地區。然而，這些金字塔並非此一特殊區域的唯一奇蹟。在金字塔周圍，有一個永恆的村落匯聚了忠誠服侍其君主的宮廷成員。

在時間的軌道之外探索這個區域，讓人沉醉又著迷。在這裡眾多的陵墓中，梅雷斯坎的不朽居所占據著特殊位置。

「梅雷斯坎」意為「她熱愛生活」[20]，是第三位擁有這個名字的女性[21]。她葬在古夫金字塔的東邊，身分很可能是法老卡夫拉的妻子。

文字、繪畫和雕塑讓這座陵墓成為一座非凡的紀念堂[22]。雖然我們沒聽說過任何關於梅雷斯坎的軼事，但這座陵墓讓她在精神性和教育啟蒙上擔任的角色以獨特的方式展現出來。

女神哈托爾祕儀的奉行者會組成一個由「母親」領導的團體。梅雷斯坎陵墓中的「母親」

20「梅雷斯坎」的另一種含義為：女神哈托爾所愛之人。

21 第一位名為梅雷斯坎的女性可能是古王國時期最偉大的法老斯尼夫魯之母，我們對她的事蹟一無所悉；而第二位名為梅雷斯坎的女性可能是法老古夫的女兒。

22 參見D. Dunham & W. Simpson, *The Mastaba of Queen Mersyankh III*, G7530-7540, Giza Mastabas I, Boston, 1974.

叫作赫特－菲莉絲。要注意的是，不能將她與古夫的母親混淆，因為她們似乎擁有同樣的名字。

陵墓裡一些作品的場景為我們揭示了導師「母親」如何教育「女兒」繼承她的使命，其中一個重要的場景是：小船劃開寬闊的水面前行，展開一段儀式性旅程，一種類似對聖杯的追求；主人公出發尋找蓮花，它象徵著源自太古之海的光芒。透過指出蓮花的存在、揭露它的光芒，年長的導師向繼任者傳授自己的知識。她們一同見證生命的誕生，此一奧祕由這個女性族群牢牢守護著。

為了履行她崇高的職責，梅雷斯坎可以接觸所有神聖文獻與所有神聖儀式，它們被統稱為「光明之神的示現」[23]。她也是托特神（Thot）的祭司。托特神是象形文字的創造者、神諭的主宰、書記員的守護神。她也化身為塞莎特——「生命之屋」的女主人；法老們就是在那裡學習其職責、洞悉歐西理斯的奧祕。頭戴七角星冠冕的塞莎特是書庫的守護者，也是在建造神廟時支持著國王的神祇。

梅雷斯坎的陵墓為世人展現了一組舉世無雙的雕塑群：十座女性雕塑呈站立姿態，由成

23 這裡的神指光明之神「拉」。

熟的女性長者到年輕的少女所組成，而且可以區分為兩組：三位神職人員，包括「母親」在內；另外七人則是四個成年人和三個年齡較小、身高遞減的少女。這十位永遠結合在一起的女性栩栩如生，呼之欲出。我們可以在當中看見最年長者用左臂環抱著一名弟子的肩頭，而這位弟子也用手臂圈抱住啟蒙者的腰際。

這個女性團體之間那份強烈的凝聚力被鐫刻在石像上。金合歡聖所——進行歐西理斯復活儀式的場所——對她們開放，讓她們在那裡頌揚其啟蒙經驗的傳承與一貫性。

chapter

8

「父親的姊妹」式婚姻

身為女神奈特和哈托爾的女祭司，希奈蒂提絲[24]在金字塔時代擔負著重要職務。她氣質優雅，美麗動人，戴著昂貴的黑色假髮，穿著一條貼身勾勒出她優美身形、有肩帶的白色連身裙。這位優雅的顯貴女士做了一個嚴肅的決定：結婚。

她自己選擇伴侶，不需要他人干涉。不論是她的父親、母親還是其他權威人士，均不能將其願望強加於她。與所有的埃及女性一樣，即使有來自家庭的壓力，希奈蒂提絲還是能自由地選擇何時結婚，嫁給任何她想嫁的人，而事實上，沒有任何法律強制她必須結婚和生育。讓我們銘記埃及智者普塔－霍特普（Ptah-Hotep）的第九條箴言[25]：不要指責沒有孩子的人，也不要因為自己有孩子而誇耀。這個世界上有許多父親是不幸福的，許多生育過的母親也是如此，而沒有孩子的婦女比她們更從容安寧。

在古埃及，沒有人會譴責婚前嘗了禁果的少女，也有一些「試婚」的情況，例如有一位養鵝人用他存放在神廟中的財產，換取了一次為期九個月的同居生活，而如果這段關係因他

24 此一名字的含義為「父親的姊妹」，代表一項儀式上的象徵性頭銜。

25 參見 C. Jacq, *Les Maximes de Ptah-Hotep*, Paris, MdV Éditeur, 2015.

的過失而破裂，這位與他「試婚」的妻子可以保有這些財產。[26]

結婚後，希奈蒂提絲仍保有她的名字。她的名字絕無被配偶名字替代的可能。請記住，名字是人的核心要素，讓人在死亡後得以繼續存在。

婚姻是透過以下這個決定性事實得到社會的承認：一對希望一起生活的男女在眾所見證與眾所周知的狀況下，一起住在同一片屋簷下。智者阿尼（Ani）對未婚夫說：為自己建造一個家，你就會發現，這能使你遠離紛爭與混亂。不要以為你可以一直住在父母的家裡。結婚意味著「共同生活，建造房屋，融入家園」。「Meni」一詞意為「停泊」，包含「結束一段開心的旅程，安全抵達了正確的港灣」之意，有時也用來當作婚姻的同義詞，意思是：單身的旅程宣告結束，取而代之的是一種新的、積極穩定的生活狀態。

在古埃及，從出生到死亡，幾乎所有的人類活動，無論智性工作或工藝類，還是農活，都被宗教儀式化，只有婚姻例外！舉辦婚禮未被當作一種神聖的行為，而是人們一種世俗的歡樂行為，是闔家歡慶、舉辦盛宴、氣氛高昂的場合。人們交換花朵、準備嫁妝，新娘穿著

26 值得注意的是，婚前協議在雙方關係破裂後也傾向於保護女性權益。

特殊的婚禮服裝。人們吃鹽來表達用鹽密封婚姻的美好願景，而新婚夫婦的雙手在觸碰聖甲蟲時交握，或許因為聖甲蟲是幸福的象徵？如果說，涉及神靈和宗教的儀式總是繁複而冗長，那麼古埃及人在婚禮慶典的細節上可說是極其精簡。

在選擇丈夫之前，富有、高貴的希奈蒂提絲想到用法律條款提前做出安排。她可以採用最符合她需求的婚姻合約形式，從以諾言為基礎的口頭保證——這些諾言在法老時代至關重要——到書面文件形式（其中若干樣本被留存下來）。我們從中可知，在喪偶或離婚的情況下，妻子的物質利益得到了精心的保護！[27]

丈夫如果主動離開妻子或被裁定對離婚負有責任，在不預先判處任何額外罰款的情況下，至少需要支付他們共同財產的三分之一給妻子，並且，妻子在結婚時帶來的財產都將予以歸還。

27 比如，參見S. Allam, *Quelques aspects du mariage dans l'Égypte ancienne*, JEA 67, 1981, pp. 116-135. 這部著作中的婚姻合約是從第二十一王朝開始的，但借鑑了此前的模式。

女性還有一項基本權利，她們有權在打算離婚和離開婚姻住所時擁有離婚自由[28]。如果離婚過程不順利，雙方可以向地方法院提起訴訟，地方法院能處理大多數的此類情況。而如果情況惡化，案件將移交給更高一級的法院來判決。

如果女性被判有罪，她仍可以保留大部分甚至全部的私人財產，以確保其生計。與之相反的是，不稱職的丈夫將受到嚴厲的經濟處罰。而且，如果出於一些令人不齒或者難以接受的理由，丈夫往往不敢毫無顧忌地提出離婚。例如一個可悲的男人在結婚二十年後因為妻子失去了一隻眼睛而想與她分開，妻子透過法院抗議丈夫的薄情寡義，而眾所周知，在訴訟結束時，不管具體條件如何，結果都會對她有利。

埃及女性的權利和獨立讓希臘人十分反感，所以當希臘人在托勒密王朝統治埃及時，他們堅持不懈地迫使埃及女性受不同程度的監管。然而，在西元前二一九年，塔伊斯（Tais）夫人在打離婚訴訟時仍然成功地占了上風，使她丈夫哈倫海布（Horemheb）不得不服從舊法。她

28 根據莎草紙卷（Papyrus Salt 3078）的記載，妻子承諾，如果她因為要和另一位男人生活而離婚，不得就夫妻共同財產提起任何法律訴訟，而且妻子需要將其在婚姻存續期間從前夫那裡獲得的財產予以歸還。

的結婚禮物是兩塊銀幣[29]，如果離婚，銀幣會歸她所有，而如果哈倫海布對妻子態度惡劣，他會被強制離婚，並額外給她兩塊銀幣作為補償。除此之外，塔伊斯還應取得婚姻財產中三分之一的共同財產和她所有的私產。經歷了波斯人、希臘人、羅馬人、基督教徒，以及阿拉伯人的衝擊，直至古埃及文明被摧毀之前，埃及女性一直保持著她們在第一王朝建立時的獨特地位。

在古王國時期的黃金時代舉行婚禮時，前面提及的女祭司希奈蒂提絲夫人的生活前景一片光明，但是她選擇了一個與眾不同的丈夫！

她的丈夫是王室守衛長兼兩任法老——古夫和雷吉德夫（Djédefrê）——的「卡」的僕人，同時擔任世俗和神職的高級職務，是宮廷中一名位高權重人士。這樣一對耀眼的天作之合理應透過雕像刻下他們永世不朽的模樣。凝視著出土於吉薩家庭墓的石灰岩雕像，我們能夠感受到這對夫婦和一兒一女的和睦與幸福。

然而，希奈蒂提絲的丈夫塞內布是一個侏儒。雕像中，他保持文官的坐姿，雙腿交叉盤起，

29 希臘人將貨幣體系引進埃及，法老們稱之為「巨大變形」，並一直持否定態度。

上身肌肉緊實。他的眼神不同尋常，超越外表，注視遠方。他的妻子擁著他的左臂，靜靜地坐著。為了表示服從和沉默，兩個將盤起的辮子梳成幼兒髮型的孩子把一根手指貼在嘴唇上。他們的父母有成群的牛、山羊、綿羊和驢子，還有好幾艘船。塞內布是一群文官的首領。這是一個家庭最圓滿的模樣，所以這座雕像代代流傳。希奈蒂提絲的婚姻也是自由的絕佳範例，一個女人嫁給了她所愛的男人，無論他有多麼特殊。

婚姻把一個男人和一個女人結合在一起，其中不包括兄弟與姊妹的結合，但是後一種錯誤觀念一直廣為流傳。這種誤解由兩個因素造成，一個跟語言有關，另一個則是外部因素。

在語言方面，古埃及象形文字中，丈夫被稱為「兄弟」，妻子被稱為「姊妹」。對這兩個字的錯誤解釋導致了古埃及有近親通婚之說，而在法老時期，這種理論並沒有任何事實依據。國王並沒有娶自己的「女兒」，有此說法，可能是因為「女兒」是一種被授予的頭銜，或是因為神話的關係強調了「創世父神」的存在，而他的「女兒」即為生命。

至於外部因素則與希臘習俗息息相關。在獨特的希臘文化中，兄弟姊妹可以結為夫妻，而在希臘的托勒密王朝統治埃及期間，統治者為了保留土地的所有權，於是將這一習俗代代延續下去。

最後，需要指出的是，不能將現代埃及的風俗直接投射到古埃及社會中，與事實相反，古埃及從未實施過一夫多妻制。曾有極少數存疑的例子表明，一個丈夫和眾多妻子一起生活，然而他對妻子們非常眷戀。他為她們樹立雕像，是為了在另一世也緊密相伴。

一妻多夫制當然也不存在！中王國時期的兩位寡婦[30]曾被質疑同時擁有兩個丈夫，但最後被宣告無罪。

30 這兩位寡婦是蒙赫特（Menkhet）和卡阿（Kha）。

chapter

9

金字塔時代的女法老

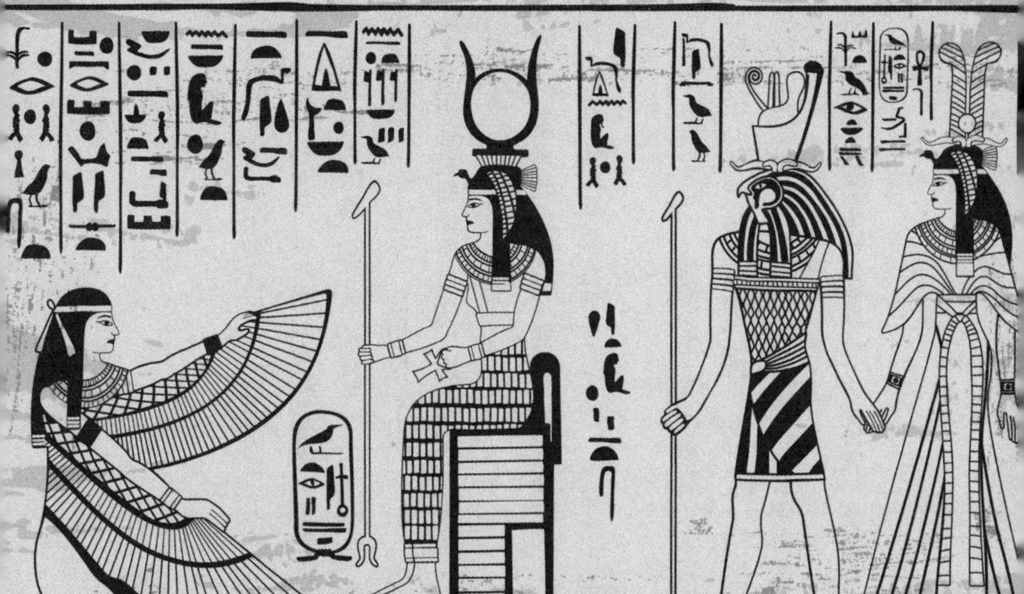

我第一次冒險來到吉薩宏偉陵墓一片渺無人跡的地方，距哈夫拉金字塔東南方大約四百公尺，離通往孟卡拉金字塔底部的道路也不遠，當時我完全沒有想到會有這麼一個令人驚訝的發現。誠然，我曾聽說過埃及的考古學家塞利姆．哈桑（Sélim Hassan）在一九三一到一九三二年冬季發掘並清理出了「第四座金字塔」。實際上，這是一個規模宏大的石棺，頂部凸起，建在方形基座上，其內側局部由岩石組成。有兩項資料能更直觀地說明它的宏大雄偉：底部的側邊長達四十公尺，而高度則接近十八公尺！

這當然不是一座金字塔，但可說是由最好的石匠創造的一座非凡建築。其規模讓人不禁產生疑問，它會不會是獻給法老的「卡」的聖物，使其在被埃及人稱為石棺的「生命之主宰」中不斷重生？

幸運的是，銘文為我們解答了疑問，揭曉了主人的名字[31]！她的名字是凱內特－卡烏斯（Khénet-Kaous），意為「主宰創造力的女人」。而她最後的歸處是一座通往彼世的神殿，這座神殿被光線中閃爍的石灰岩塊覆蓋著，人們只能從一處紅色花崗岩鑄造的門進入，其中有禮拜

31 在東南角，一間神殿外部的花崗岩支柱上，有一扇「假門」，這是一個不太恰當的埃及考古學術語，意指一扇可以連接陰陽兩世的門。

堂、藏寶室和一間復活室。凱內特－卡烏斯曾是「神的女兒，世人為她完成所有的美好期望」。她簡短的頭銜[32]讓人產生了疑問，因為兩種可能的譯文會導致截然不同的結論。第一種結論是凱內特－卡烏斯是「國王之母」，她生育了兩位法老；而第二種結論是她不僅是一位國王的母親，而且是「上下埃及之王」，即一位執政法老。

雖然語言學家們還在為此爭執不休，但有鑑於這座建築的考古背景和規模，我們更傾向於第二種結論。因為它的內部裝飾和孟卡拉金字塔類似[33]，而法老謝普塞斯卡弗（Chepseskaf），即凱內特－卡烏斯的前任或是繼承者，也為自己在薩卡拉以南建造了一座巨大的石棺。

還有兩項要素也能支持這種結論：關於凱內特－卡烏斯的宗教儀式和她留存下來的形象。數個世紀以來，一個宗教團體[34]一直以崇拜她的「卡」來紀念這位享有盛譽的女性，就像

32 頭銜的碑文為「Mout nesout bity nesout bity」。

33 凱內特－卡烏斯可能是孟卡拉（Mykérinos）的女兒。孟卡拉是吉薩平原第三座、也是最後一座金字塔的建造者。按照這個推論，她的母親則是卡梅勒－內比蒂（Khamerer-Nebti），波士頓博物館收藏了這位母親的一座雕像，令人嘆為觀止。

34 這個宗教團體致力於紀念他們的君主，其所在的村莊占地達六千平方公尺。

紀念那些法老一樣。同時，在進入她的領地時，其中一幅她的肖像畫向我們傳遞了關鍵訊息：一個典型的符號——假鬍子。這個由動物毛髮編織而成的鬍子是創世主神阿圖姆（Atoum）的遺贈。創世主神阿圖姆創造了男人和女人，而法老正是他在世間的代表。在擔任至高無上的職務時，凱內特－卡烏斯佩戴著假鬍子，達到了一種兩性的平衡狀態，這和在她之後出現的著名女法老哈特謝普蘇特（Hatchepsout）一樣。

我們可以確信凱內特－卡烏斯是古埃及的一位女法老。但是今天我們無法得知更多的資訊，因為關於古埃及黃金時期的軼事鮮少流傳下來。

chapter

10

女文官

在關於古埃及的一些固有觀念中，有一種觀念近年來十分流行，其影響比得上奴隸制理論。它斷言古埃及人是未被教化的，不具備讀寫能力，僅有極少數的精英享有受教育的特權。即便我們能拿出相關資料證明當時社會情況與這種說法恰恰相反，抱有成見的人也會說：「啊，這……這是個例外！」事實上，這種認為古埃及人是一群被「有文化的暴君」統治的文盲的想法，代表了一種意識形態，就像其他一切空談理論的學說一樣，滿足於自說自話。

如果我們想客觀地探討這個問題，首先必須明確了解的就是象形文字，即「神之語」，這是一種僅在神廟中使用的神聖文字「聖書體」，它註定要被刻在「美麗而永恆的石壁上」。直到法老文明消亡之前，文字符號隨著時間的推移愈發豐富，但形態沒有發生任何改變，語言結構也未有一絲變化，這種穩定性保證了文字令人驚嘆的傳承力。與此同時，還出現了另一種日常文字，希臘的術語將其稱為「僧侶體」，意指它是「神聖的」，但這種文字其實是使用於民間，例如撰寫合約、行政文件和信件等。

古埃及人用多種媒介（石塊、紙張、木頭、皮料等）悉數記載生活全貌。雖然象形文字的藝術，即神廟學，是少數人才能接觸的特權，但相對粗淺的書寫，經過了多重演變，得到了更廣泛的使用。對「僧侶體」的研究，也成為埃及學的一個分支。[35]

從村莊裡的學校到神廟中的「生命之屋」，雖然教學場所各不相同，但智者們堅持教育最基礎的美德是傾聽。學會傾聽，就會知道如何發言，從而確保內心平靜和人際關係和諧。喋喋不休的人如同傳說中的「枯樹」[36]，不懂得傾聽之人引起無休止的辯論枯燥而乏味，正是無知的表現。

在揭曉伊杜特夫人的人格特點之前，我們需要知曉的是，不在權力中心任職的女性也具備讀寫能力。舉一個著名的關於工匠妻子的例子：隸屬於上埃及的德爾埃勒－梅迪納赫（Deir el-Medineh）村座落於底比斯河西岸，村裡居住的都是在帝王谷中挖掘和裝飾陵墓的工匠家庭。石匠、瓦匠、石膏匠、雕塑工、畫師、油漆工都與家人聚居在那裡，而他們的妻子們經常寫

35 關於這些主題，參見C. Jacq, *Le Mystère des hiéroglyphes. La clé de l'Égypte ancienne*, Lausanne, Favre, 2010.

36 譯註：L'arbre sec，一種傳說中的枯樹，關於它最著名的文字記載來源於馬可波羅，這種「枯樹」矗立於波斯以北的某處平原上，它象徵東方與西方之間的界限。

信和收信。[37]

他們會為什麼而擔憂呢？比如整理一份清洗衣服的清單，用一塊地換一頭驢，抱怨朋友的自私或是被朋友忽視，訴說遇到的難處，向別人傾訴妻子的不端行為，敘述種種家庭問題……總之，他們會擔憂生活中的各種問題。在現代社會，人們也會遇到同樣的困擾，只是形式發生了改變。

伊杜特夫人的乘船之行提醒我們，女人也可成為文官。這片領地之主、這位古埃及美豔無雙的女人，喜歡身著能勾勒出她身材的若隱若現白色長裙，一邊嗅著蓮花的芬芳，一邊巡視自己的私產，仔細觀察其團隊正在進行的工程。她位於薩卡拉的陵墓富麗堂皇[38]，在那些陵墓華美的場景中，她的身形與農民、漁夫、獵人和工匠們相比，顯得異常高大。伊杜特夫人是主人，其他人包括文官在內，需要服從她的命令。她的名字意為「年輕女人」，被尊稱為「國

37 參見J. J. Janssen, « Literacy and Letters at Deir el-Medina », in *Village Voices, Leydes,* 1992, pp. 81-94 ; D. Sweeney, « Women's Correspondance from Deir el-Medineh » Sesto Congresso Internazionale di Egittologia, Atti II, Turin, 1993, pp. 523-529. 關於女性的閱讀與書寫，參見 *RdE 60,* 2009, p. 209 *sq.*

38 參見B. Macramallah的出版物：*Le Mastaba d'Idout, fouilles à Saqqarah,* Le Caire, 1935.

王的女兒」。在船上，文官的辦公工具是她絕不離身的設備，包含一個托板、一把石刮刀、一些刷筆、水盂和一些小墨條。

在新王國時期，女文官主動將書寫工具放置於高級座椅之下，表明她們的才幹可以永遠持續下去[39]。雅赫摩斯－奈菲爾塔利（Ahmès-Néfertari）是拉美西斯二世的偉大王后，在她舉世無雙的陵墓中，我們見證了一場盛大的儀式。雅赫摩斯－奈菲爾塔利接過托特神的托板和用於稀釋墨條的水盂，然後透過書寫神諭，成為瑪阿特女神的代表，而後者是正義與和諧的化身。我們還知道，有一位大祭司的妻子負責撰寫阿蒙－拉（Amon-Râ）的莎草紙卷，將儀式記錄在紙上。[40]

托特神（象形文字的創造者）並不是唯一掌管文字的神祇，還有常以頭戴七角星冠冕形象出現的女神塞莎特。她不僅掌握讓人羨慕的化妝祕訣，而且掌管「圖書室」和神廟的圖書館。法老們正是與她一起，透過參閱宗教儀式書籍、誦讀書中的神奇聖語來建造聖殿。

39 參見「The New Kingdom」, *BES 6*, 1984, pp. 17-32 ; « Non-Royal Women's Titles in the 18th Egyptian Dynasty », *Newsletter ARCE 134*, 1986, pp. 13-16. 特別是關於底比斯的章節：第69、84、147、148、162章。

40 參見 KMT 5/4, 1994, p. 20.

「（她）受到歐西理斯神、阿努比斯神（Anubis）、偉大上主與君王的尊重和敬仰」，伊杜特夫人穿越通往另一個世界的大門，皆因她掌握了驅散黑暗、通往光明的奧祕。從此之後，這樣一位獨一無二的女性可以幸福地獲得永生，她穿過草原，駐足田野，穿梭在運河上，而無論去哪裡，再也不見死亡的陰霾。

chapter

11

女醫官

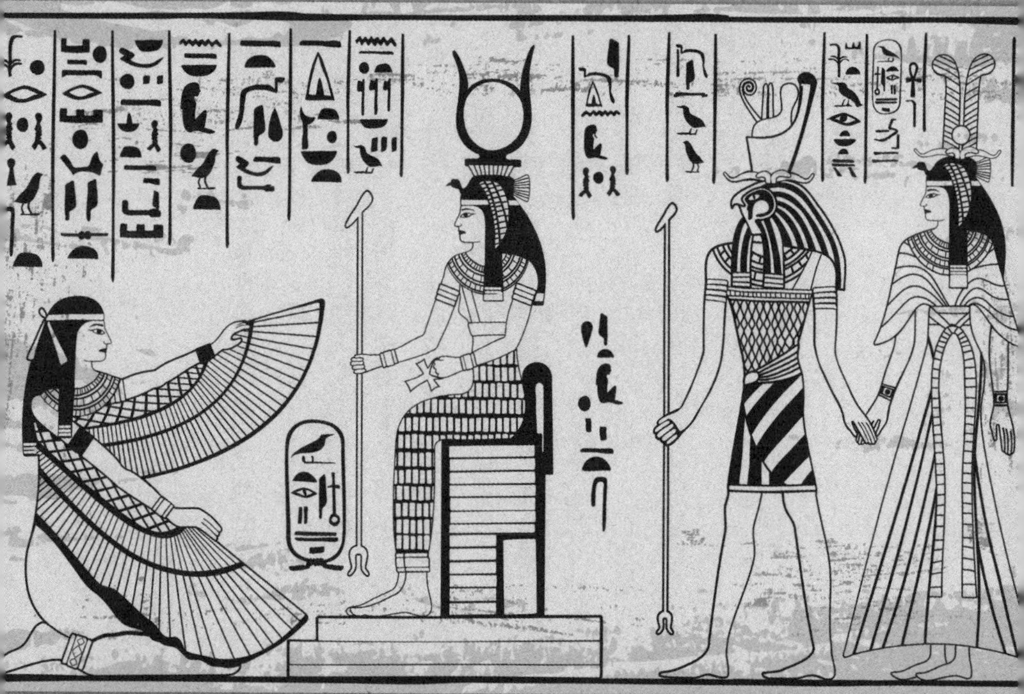

古埃及醫學院在當時享譽全世界，眾多外國治療師來到埃及進修與學習。幸運的是，一部珍貴的醫學文獻被留存下來，流傳至今。古埃及有大量的醫學資料，如今可考的只是其中的一小部分，但這些內容涉及的主題、診斷和治療方式的多樣性已讓人嘆為觀止。同樣不得不提的是當時實施的外科手術，從一些木乃伊呈現的狀況，我們可以知道手術取得了積極的效果。對醫學資料仔細研究後我們發現，古埃及人在醫學領域學識淵博、積累深厚，我們也由此獲悉醫學上最困擾他們的難題：在複雜的人體結構中，多種能量如何暢通地流動？[41]

主宰醫師們的不是男性神祇，而是一位女性首領：她就是令人生畏的獅首女神塞赫美特（Sekhmet）。她傳播疾病，讓人恐懼，但也提供治療疾病的方法。所以說，醫學是起源於神學的一種科學，與法術息息相關，儘管這一說法有點貶低醫學，但在古埃及人眼中，它也是一種科學。作為光明之神的顯靈象徵，法術能避免命運的打擊，並與世間的疾病和邪惡對抗。醫師不能滿足於只運用單一技術，他必須將它與法術結合起來施展。

醫學領域的所有職業都向女性開放[42]，她們要先從事一門專科醫學，才能向學科的頂

41 參見T. Bardinet, *Les Papyrus médicaux de l'Égypte pharaonique*, Paris, Fayard, 1995.

42 參見D. Cole, *DE* 9, 1987, pp. 25-29.

峰——全科醫學前進，從而對醫學有更全面的認知。

吉薩的一座陵墓揭曉了一位極具天賦的女醫師的存在，她就是佩舍舍特夫人（La dame Péseshet）[43]。當時，她被任命為醫生總管，類似如今的衛生部長，而公共健康與衛生是古埃及政權關注的領域之一。如圖特摩斯三世這樣偉大的法老們豈能不親自關心公共健康與衛生？「佩舍舍特」這個名字本身的意思是「分享、分隔、裁決的人」，也可以理解為「診斷的人」。佩舍舍特夫人的能力受到了高度重視和讚賞，從而擔任了醫生總管這份要職。

成為一名優秀醫生的祕訣是什麼？答案是：對心臟功能及運作的了解。這裡的心臟指的不僅僅是心肌，而是被視為生命體的活力中心，是啟動整個身體的能量源。從這顆「心臟」出發，各種液體透過血管流通全身，能量的循環確保了身體健康。

為了得出合理的診斷並對症下藥，佩舍舍特多管齊下，她聽心音進行多次脈搏檢查，並且同時檢查皮膚、眼睛狀況以及病人的其他體徵。

而她的診療會以下列三句話中的一句來得出結論：

43 參見 H. G. Fischer, *Egyptian Studies I*, p. 71 *sq.* ; E.B. Harer et Z. el Dawakhiy, *Obstetrics and Gynecology 74*, 1989, pp. 60 – 61.

我了解這種疾病，我會著手治療；
我知道這種疾病，我會嘗試治療；
對我從未見過的疾病，我無能為力。

佩舍舍特可以參閱許多前輩撰寫的醫學專著，在此基礎上，加入自己的觀察和發現，進而豐富、充實了這門科學，並將之傳授給子孫後代。她從礦物、植物和動物身上提取藥劑，採用藥丸、藥水、軟膏、糊劑、薰蒸各種形式。當然，也沒有忽視食療的重要性，例如，食用肥肉就是針對肺病的一味良方。藥典記載下的藥品數目可觀，但其中許多藥品尚無從辨別，某些名稱也容易引起誤解。比方從語言的角度，我們完全可以認為「獅齒」、「狼嘴」涉及兩種動物，而事實上，它們卻是藥用植物的名稱。如果有博學之士懷有誤解，嘲笑埃及人居然用蝙蝠的排泄物來治療砂眼，那麼他們可就大錯特錯了，因為這種藥品裡含有抗生素和維生素Ａ，也是現今療法中的必備元素。

古埃及時期外科、眼科和其他醫科的成就繁多，可以說需要用整本著作來記載。而在這本獻給埃及女性的著作中，我們則要強調婦科。子宮是一位女神的化身，彷彿一束聖光，孕育了宇宙實體和法老[44]。在古埃及，有許多專著致力於研究「適合為女性製備的藥物」。透過分析大量的病例，在精確診斷後，佩舍舍特能夠開出治療多種疾病的藥物。像文獻中證明的一樣，她能檢測出子宮癌，並試圖與之對抗。

格外值得關注的是，雖然父親－母親－子女這種家庭結構是古埃及社會一種重要的價值觀，但女性仍然能以流產和避孕措施有效地控制生育[45]。由此可見，佩舍舍特夫人有著超前的現代醫學理念！

44 參見 M. T. Derchain-Urtel, *Synkretismus im ägyptischer Ikonographie. Die Göttin Tjenenet*, Wiesbaden, Otto Harrassowitz, 1979.

45 參見 *Encyclopédie religieuse de l'univers végétal II*, Montpellier, 2012, pp. 586-587. 一種避孕方法是在陰道中放置浸有椰棗汁、葫蘆汁、蜂蜜中刺槐萃取物的棉條，眾所周知，發酵的刺槐膠分泌出的乳酸能起到殺精作用。

chapter

12

誕下三位國王的女人

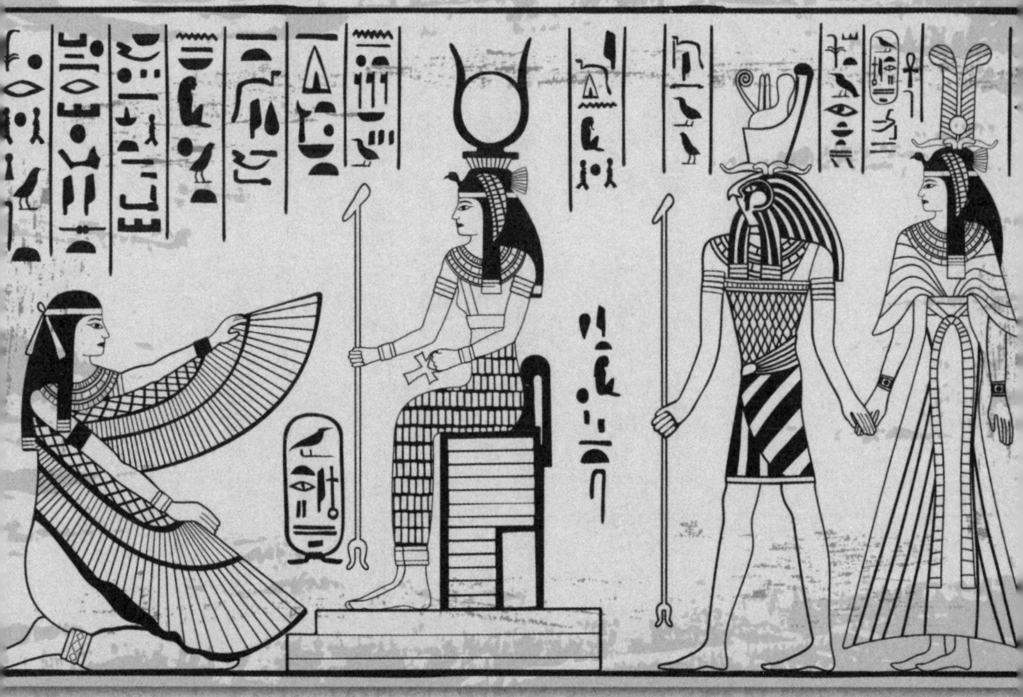

分娩歷來不是輕而易舉之事。古埃及人認為分娩異常危險，是生死攸關的大事，無論從醫學角度，還是法術角度，都需要採取多種預防措施。雷德－吉德特（Red-Djedet）夫人的生產過程就是一個突出的範例。[46]

讓我們回到第四王朝末期，薩吉布城（Sakhébou）中，雷德－吉德特的丈夫是一位虔誠供奉光明之神拉的祭司[47]。在那時，沒有什麼比不孕症更讓人難以接受，人們向神明禱告，祈求他們讓妻子生育後代。丹德拉是女神哈托爾的聖地，位於上埃及。在那裡，人們歡度「胸部開放節」[48]，確保新婚的婦女在不久的將來能成為母親，而在梅迪內特－哈布（Médinet-Habou）[49]，新婚的婦女會在有助於孕育的湖水中進行浸浴儀式。

庫努姆神（Khnoum）是一位有著公羊頭的神祇，在女性生育方面擔任至關重要的角色；除了其所化身的動物具有強大的生殖力，他還是一位舉足輕重的陶器家，能在他的陶輪上塑

46 Red-Djedet意思是「奠定永恆之物的人」，譯為雷德－吉德特。這個範例記載於紙莎草卷中。

47 她丈夫的名字是Râ-Ouser，意為「神聖而強大之光」。

48 舉辦在汛期的第三個月。

49 位於底比斯河的西岸，這裡埋葬著最重要的創世主神。

造一切生靈。人們甚至解釋道，這個陶輪能製造胚胎，必須被安置於女性的子宮內，使她們能夠生育。子宮孕育生命的過程就如同一項精心準備的手工藝活動，而懷孕則是「完成了一件作品」。

當年輕的雷德―吉德特夫人發現被視為「淨化期」的月經沒有如期而至之後，她感到分外歡喜。但她必須儘早採取必要措施：醫療監護，用舒緩及提神的精油按摩，佩戴辟邪、祛病和摒除一切破壞力的護身符，以確保自己能度過一個幸福無憂的妊娠期。

嬰兒的性別可以預知嗎？古埃及人長期使用一種方法來回答這個問題，而且這種方法即使在法老文明消逝之後也依然延續下來。首先準備兩個布袋，分別裝入大麥和小麥，然後每天以孕婦的尿液來澆灌。如果小麥先發芽，那麼嬰兒就是女孩；如果大麥先發芽，則說明孕婦會產下一名男孩。[50]

採用這種方法之後，雷德―吉德特夫人得到令人震驚的先知預言，她即將生下三個兒子！這三個男孩的命運註定不凡，他們將成為第五王朝的前三任法老。會不會是光明之神拉為了

50《柏林莎草紙卷》第一九九條，G. Lefebvre 翻譯, in *La Médecine égyptienne de l'époque pharaonique*, Paris, PUF, 1956. 也可參見 Bardinet, *Les Papyrus médicaux de l'Égypte pharaonique*, Paris, Fayard, 1995.

和她孕育這三胞胎，並將他們培養成對光明之神無限崇拜的君主，故而附身於這位貴婦的丈夫呢？

儘管有神意加持，雷德—吉德特夫人的分娩過程還是讓人擔憂。當雷德—吉德特夫人進入「產樓」之後，接生婆們急切地要讓她安下心來。「產樓」的木製立柱依照紙莎草的形狀建成，讓人聯想到廣袤無垠的、噴湧出一切生命形態的原始之水。

這座樓閣受綠植環繞，芳香襲人，置身其中能讓人忘卻憂愁，讓即將成為母親的女人放鬆下來。她的丈夫訴說妻子正承受的痛苦，焦慮萬分。醫師們試圖使他平靜下來，並讓他在外面耐心等待幸福時刻的到來。

產婦在兩名接生婆的輔助下站立著，全身赤裸，頭髮散開，確保沒有任何一個髮結妨礙生產。生產過程稱為「脫離身體」、「來到世間」。接生婆在她的身上塗抹了藥油，在陰道裡也滴入植物的汁液。然後大家開始祈禱河馬女神塔沃里特的保佑，祈求她能賜下「生育之水」。

接生婆們用「堅定的手勢和溫柔的陪伴」迎接新生兒[51]。孩子的第一聲啼哭讓人們鬆了口

51 當時，有木製生育椅和生育磚，這些是伊西絲、奈芙蒂斯、努特（Nout）和特芙努特（Nout et Tefnout）女神們的象徵。

氣，然後一個接一個，三位未來的法老迎來了生命中的第一束光。人們喊著他們的名字，輕輕地把他們放在亞麻長緞上，並立刻在他們的頸間戴上護身符，不能因雷德—吉德特這一刻的幸福而放鬆警惕。

死亡之神在遊蕩。祂從陰影中現身，尋找著親吻嬰兒並奪走他們生命的時機。嬰兒在搖籃裡受到保護，他們的母親用各種配方[52]和辟邪物[53]，尤其是象徵聖靈的陶像，來抵禦黑暗力量。

休息兩週之後，雷德—吉德特夫人發現她的三個兒子十分健康，她內心深處知道，先知們的預言終將變為現實。

如果母親不能餵養自己的孩子，就會尋求乳母的幫助。此外，哺乳被視為一種儀式[54]。而

52 參見A. Erman, *Zaubersprüche für Mutter und Kind, aus dem Papyrus 3027 des Berliner Museums*, Berlin, Verl. der königlichen Akad. der Wissenschaften, 1901. 因為孩子身體的每一部分都對應著一種神明，所以惡魔們無法靠近。

53 例如，參見J. Bulté, *Talismans égyptiens d'heureuse maternité*, Paris, CNRS, 1991.

54 參見J. Leclant, « Le rôle du lait et de l'allaitement d'après les Textes des Pyramides », *Journal of Near Eastern Studies*, vol. X, n° 2, 1951, p. 123 *sq*.

埃及的君主一旦感到能量枯竭，就會飲用宇宙之母賜予的神聖牛奶。[55]

55 譯註：母牛是哈托爾女神的化身。

chapter

12

女船長

尼羅河提供了淤泥，使埃及的土地變得肥沃。它是一條天然的「高速公路」，除了在洪水暴發的那幾天，其餘的日子裡，全程都可以暢通無阻。我們今日實在難以想像當時的盛況，河面上大大小小的船隻星羅棋布、熙熙攘攘，從體積最小的帆船到能承載亞斯文採石場花崗岩建造的方尖石塔的巨型貨輪，應有盡有。

從古王國時期開始，造船廠裡始終呈現一片繁忙景象，眾多繪畫作品展示了木匠工作的場景。透過在大金字塔附近發現的「古夫號」，我們可以欣賞到工匠們登峰造極的技術。修復之後的船隻雖然在一幢美感平平的建築物中展出，但至少我們能靜靜地凝視這項藝術傑作，想像昔日它在有如天國般的聖尼羅河上航行，承載君主的靈魂駛向彼岸。

操控這樣一艘船需要極其精湛的技術，因為這條河詭異多變，而且其中有種種無法預料的陷阱，尤其是沙洲。人們不由得質疑：「這份職業難道不該是男性專屬嗎？」

一座位於薩卡拉地區、源於第五王朝的陵墓，為我們揭曉了答案[56]。在這座陵墓的壁畫中，我們看到了一位女性的形象，可惜她的姓名不得而知。她是一艘船的船長兼舵手，這艘船並

56 參見 H. G. Fischer, *Egyptian Women*, p. 20.

非一般船隻，而是承擔了運輸功能。這位女性的使命是將珍貴的食物順利送達目的地，可以想見，她需要具備領袖特質和相應的能力，才能讓其他船員「臣服」。

壁畫中，一位船員向女船長走去，遞給她一塊麵包，象形文字記載了她的話：「不要擋住我的視線，我正在靠岸！」

作為經常遇到這種情況的過來人，我可以肯定地說，操控船隻通常是格外精細的工作，女船長的確需要集中精神，而不被無足輕重的人分散注意力。這位女船長完全具備令人尊敬的權威。

不僅在人世間，女性在彼世也可以擔任船長。一副石棺[57]向我們展示了這樣一位女船長，她揚著創世主神阿圖姆的帆船款款而去，河面上灑滿神聖的光芒，美不勝收。

57 塔－沙邦－孔蘇（Ta-shapen-Khonsou）夫人的石棺。參見*Rites funéraires et voyage vers l'au-delà*, Paris, Atlas, 2003, p. 85.

chapter

14

女首相們

埃及的統治體系由三個權力層級組成。第一權力層級是國王夫婦，他們坐鎮首都，首都的位置會隨著王朝更迭而改變；第二權力層級是省長，他負責執行國家政令，但享有一定程度的自治權；而第三權力層的權力集中在城鎮或村莊。自上而下，所有級別的官職都非終身制，官員必需履行個人職責，確保群眾福利，首要任務是食品的貯藏及流通。

幾乎所有行政部門的職位都對婦女開放，她們可以擔任眾多官員的高級主管，例如，財政監察員或任意領地的長官。從古王國時期開始，國家就設立了一個引人注目的職位，類似今日的總理，身居此位的人是法老真正的「得力助手」，不太恰當地被稱為「維齊爾」（Vizir），即首相。這是一個源於鄂圖曼土耳其帝國政權的外來詞，而在這裡因帶有「科學」意味而被沿用下來。

這位維齊爾莊嚴地宣誓，遵守瑪阿特法則，並充分履行職責。他位於權力頂峰，肩上的責任如此重大。他每天都面臨挑戰和憂患，感覺如「膽汁般苦澀」。

維護公正是首相的首要職責。誠然，他必須始終保持廉潔清明，但是過於僵化同樣會受到譴責。曾有一位首相因為害怕被指控腐敗，即使親屬具備能力與才幹，他仍固執地拒絕所有親屬任職，因而被撤職。

每天早上，國王都會與首相會晤，討論處理國家的各種問題。「維齊爾」這一詞在埃及語中對應的用詞「*Tchaty*」意味深長：「*Tchaty*」原意為「窗簾」，後引申為知曉國家機密而不洩露的人。

那麼女性可以擔任這一最高行政職嗎？當然可以。史書上記載的著名例子組成了一份有無數姓名的清單。例如，奈貝特（Nébet）夫人[58]曾擔任過首相、法官和政府高級官員的領袖，然而她並不是王室成員。不久前，另一位古王國時期的女首相也呈現在世人面前。她是佩皮一世國王的妻子伊內克（Inenek），擁有自己的金字塔，因為她出色地履行了職責，得到了國家和全國人民的認可。人們在她神廟[59]前的方尖碑下獻上祭品。她的英名受到後世敬仰。

在以大型金字塔著稱的古埃及黃金時期過後的幾個世紀，在第二十六王朝，有一名女性擔任了首相職務：這說明古老的價值觀尚未被遺忘。

58 記載奈貝特故事的阿拜多斯碑，出自開羅博物館，編號 CG 1578。奈貝特夫人是眾神的女兒。這些神是：荷魯斯神（王權的守護者）、蓋布神（Geb，大地之神、神明之子）、托特神（智慧和學習之神、司書官的統領）。

59 參見《埃及卷》（*Égypte*）第十二章，一九九九年，第二十四頁。

chapter

15

為女性而建的金字塔

佩皮二世是一位鮮為人知的法老，儘管他創造了一項非凡的紀錄——統治時間長達九十四年。換句話說，他是在位時間最長的法老！他六歲時被授予冠冕，成為國王，這真是前所未聞的情況：這麼年幼的孩子掌握至高無上的權力。不過至少我們可以得出的結論是，埃及人沒有選錯國王。

佩皮二世年逾百歲，在他統治初期，先由他的母親[60]攝政，直到年輕君主能真正地管理上下埃及這片土地時，他母親才將政權交還給他。

古王國時期的最後一個王朝——第六王朝，如同以往一樣平靜、繁榮。幸福的百姓在歷史上往往沒沒無聞，法老時代的古埃及淡化了時間，這期間幾乎沒有什麼故事流傳下來以滿足現代歷史學家們的好奇心。然而，從埃及人的角度來看，佩皮二世在對待他的數任妻子方面倒是有些新的舉措。既然無論是在精神層面還是現實層面，古埃及都是由王室夫妻共同統治的，那麼鰥居的君主就有權尋找一位新的配偶作為王室尊貴的新任王后。

60 梅里雷－安赫森（Méryré-Ânkhénès）是佩皮一世法老的遺孀。她的名字意為「上帝之光的愛人，願賜予她生命」。她的一座雕像在布魯克林博物館展出，她呈坐姿，膝上坐著幼兒時期的法老佩皮二世，卻有一張成年人的面孔。

在第六王朝統治時期，法老的母親[61]、妻子和女兒共同享有國王的金字塔——這是法老的永恆棲息地。人們甚至稱她們為「金字塔的母親」和「金字塔的妻子」。

佩皮二世甚至為他的王后們[62]建造了專屬的金字塔。在她們離開塵世後，金字塔成為日後祭拜她們的聖地。

王后是「可以看見荷魯斯神與賽特神的人」，要知道，這一對神祇是宿敵，他們共同掌控宇宙，並始終與法老的生命共存；同時，王后是「可以召集這兩位神祇並使之和諧相處的人」，從而能幫助國王確保國家政權平衡，並維持天地之間的和諧。因此，偉大王后的角色至關重要。佩皮二世要讓他的妻子們被人們銘記，他命人在她們金字塔內部的立柱上刻下了大量含義豐富的象形文字，於是形成了所謂的「金字塔銘文」。[63]

61 與法老的金字塔類似，佩皮二世母親的金字塔立柱上也刻有文字。

62 他的王后們包括奈特、伊普特（Ipout）和烏傑布滕（Oudjebten）。

63 編按：金字塔銘文（Textes des pyramides）很早便出現，可以追溯到古王國晚期，被刻在古埃及早期金字塔內側的石壁上。內容通常是法術與祈禱，被認為是為了幫助法老在死後重生而編寫，其中包含了埃及的宇宙觀、神話和信仰。

這些銘文從法老文明之初便已形成，最初是口頭傳承，後來則被刻在金字塔內部的石塊上，這些銘文是國王和王后靈魂的容器，其規模之宏大無與倫比，可以說他們躺在了一本書裡。就某種意義上來說，他們的靈魂確實藉由文字得到了憩息。在這些文字的描述中，靈魂千變萬化，它變成火焰、空氣、鳥等，並乘著小船穿越宇宙，最終與眾神和星辰交融，並在其中熠熠發光，永遠照亮人類的道路。

佩皮二世王后們的金字塔位於國王金字塔附近，這些建築及文字構成了一個圍繞著以永生為主題的建築群，然而僅憑信仰的力量並無法獲得永生，而必須掌握化身為光的祕訣。在這個關鍵領域，女子與男子同樣是平等的。

chapter

16

模範農婦

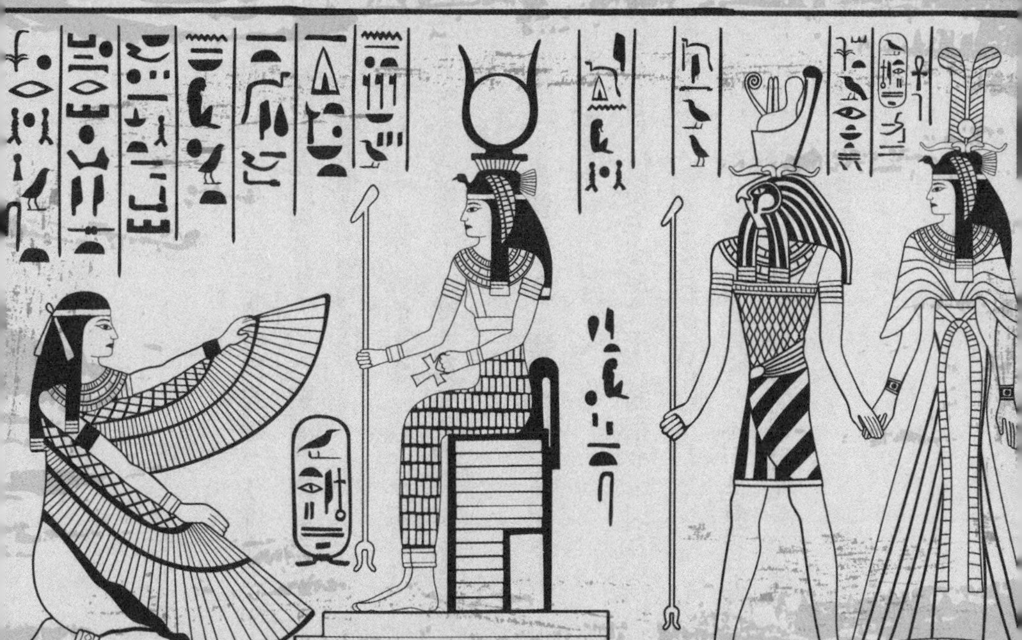

作為以石器與文字著稱的文明古國，法老時期的古埃及也是一個農業強國。在羅馬占領上下埃及的時候，古埃及作為羅馬的糧倉，在尼羅河淤泥的滋養和人們辛勤灌溉的基礎上，出產大量穀物、蔬菜和水果。而女性在農業勞動中發揮了相當積極的作用。

其中一位謙卑的拾穗女代表了古王國時期永恆神殿[64]中一個不朽的形象。在金字塔時代，受大地主雇用的農夫和農婦有幸可以被刻畫在主人陵墓的牆壁上，從而與主人的光輝命運連結在一起。

一位女性可以作為首領負責管理一片廣袤的農田，並畜養牛、羊、豬，耕種田地和果園。她端坐在獅足寶座上，呼吸著蓮花的香氛，滿足地凝視著田園和穀倉。[65]

而我們的拾穗女已經老去，弓著疼痛的背脊，心甘情願地遵從女主人的指令，因為這位女主人可以提供她一份合理收入，足以負擔住所、食物、衣服和香料的費用。

出自一個普通農民家庭，我們的拾穗女可以選擇一份什麼樣的工作呢？不可能是過於繁重的體力勞動，比如耕地，甚至收葡萄，儘管女性的心靈手巧可以在採摘葡萄時充分發揮。

64 它是伊皮－安卡（Ipi-Ânkh）的馬斯塔巴石墓，位於薩卡拉。J. Vandier, *Manuel VI*, p. 117.

65 我聯想到了女人阿莎伊特（Âshait），她的石棺保存在開羅博物館內，編號JE 47267。

還是打理花園？然而這份工作也需要強健的體魄，必須能一肩挑起幾乎壓斷脖頸的沉重水罐。

如同其他許多女人一樣，這個年邁的拾穗女曾在年輕時雙手緊握橢圓簸箕參與「揚麥」。揚麥需要又穩又巧的技術，揚麥女工要做到將簸箕向空中果斷一揚，把穀物遠遠拋出去。穀物成堆後，篩選工人就可以透過一次次篩選，篩出很多雜質，直至得到令人滿意的結果。只有女人們一起進行這項勞動，男人們有空的時候過來幫忙則會很受歡迎。

這名拾穗女既是清潔工，也負責打掃打穀場、清除乾草。在多年的勞動之後，她脊椎受損、腰椎疼痛。儘管年歲已大，依然必須勞作不輟，也只能做力所能及的拾穗工作了。她手持提籃，跟隨在揮舞鐮刀、收割麥穗的割麥工人後面，她撿起地面殘留的麥穗，漸漸裝滿了籃子。

然而，她居然還會受到指責！人言可畏，她禁不住尖銳地反駁：「難道我偷懶了嗎？難道我不是每天第一個開工的人嗎？」她認為自己理所應當被看作勞動模範，而不是受盡侮辱、背負罵名。作為有尊嚴的人，她理應得到尊重。

進入暮年，也許在遐想中，她看到了另一個世界，那裡生長著無比碩大的小麥。人們同樣忙於收割、拾穗，但感受截然不同：在那裡，疲憊感蕩然無存，工作輕而易舉就可以完成。而年邁的拾穗女真的應該如此安享晚年。

chapter

17

古王國時期的末代法老：尼托克麗絲

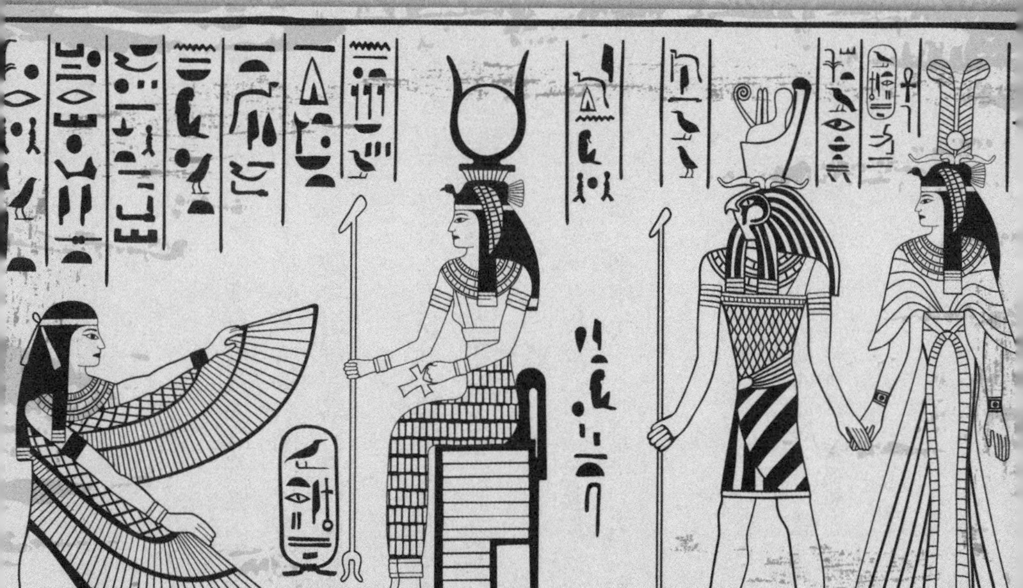

孟卡拉金字塔雖然是吉薩高原上三大金字塔中最小的一座，卻有最寬大的基座，從而給人一種泰然自若的感覺。我經常在現場工作一天後，坐在金字塔的某一級石階上欣賞落日。這種情境使我想起傳說中金字塔之靈尼托克麗絲（Nitocris）[66]，她會出現在落日金色餘暉的最後一絲光線中。

尼托克麗絲只是歷史上一個無法言說的幻影嗎？也不盡然。古埃及人遺留給我們眾多的法老名錄，在一份《都靈正典》中出現了上下埃及國王尼托克麗絲的名字，其名字的含義是「奈特佳妙」女神。[67]

尼托克麗絲何時統治埃及？大約在西元前二一八四年開始。在佩皮二世法老長期統治以及麥倫拉法老的短期即位之後，就輪到尼托克麗絲登上「活人御座」了。她是第六王朝和古

66 關於尼托克麗絲，參見 *LdÄ IV*, pp. 513-514.

67 這裡指的奈特是言語和紡織的創造女神，並非無足輕重的稱謂。尼托克麗絲置於此神的保護之下，該女神深存於女性精神信仰之中，也是法老文明之源的重要標記。希臘人把奈特看作智慧女神雅典娜。希臘學者艾拉托斯特尼（Eratosthéne）把奈特的名字翻譯為「常勝雅典娜」。

王國時期的最後一位統治者。在拉美西斯時期的文獻中，她可能統治了埃及兩年零一個月。[68]

其他人也提供了關於尼托克麗絲統治的見證。曼涅托（Manéthon）祭司在托勒密王朝時期曾撰寫帝國歷史，他提及尼托克麗絲法老時寫道：[69]

> 一名女性——尼托克麗絲——統治帝國。她比同時代的男性更具勇氣，金髮桃腮的她比其他女性更加美麗。人們斷言她建造了第三座金字塔。

在後人的傳說中，法老兼建築總管[70]的尼托克麗絲安息在一具藍色玄武岩石棺中——就在她自己的金字塔內。

她的美麗和擁有非凡勇氣的名聲並非空穴來風。尼托克麗絲所處的時代，讓她不得不面

68 一些學者認為尼托克麗絲統治了更長時間，大約六年至十二年。

69 曼涅托祭司撰寫的《古埃及史》（*Aegyptiaca*）已經不幸遺失，只有在其他古代作家的引用中方可窺見該書的存在。這裡是被約賽博（Eusèbe）引用的片段。

70 尼托克麗絲可能重修了孟卡拉法老的金字塔，這些工程使其贏得了建築總管的稱號。

臨動盪的局面，而這終將預示了其王朝的結束以及金字塔時代的終結。

古王國時期是何時以及如何結束的？這些問題很難有確切的答案，無數假設不斷地被提出。唯一可以確信的是，當時中央政權逐漸瓦解，一些地方官員自立為王，但沒有諸如內戰或經濟崩潰的情況。相反地，可能是某種極端的氣候變化導致了國內不計其數的問題。

令人遺憾的是，對尼托克麗絲的考古證據至今一片空白：沒有關於她的紀念碑、雕像和銘文。然而她的傳說卻廣為流傳，和洛多庇斯（Rhodopis）[71]少女一樣，「兩頰緋紅」的女統治者的逸聞成為傳世佳話。當她沐浴時，一隻鷹抓走她的一隻涼鞋。象徵王朝保護神的鷹，把這隻鞋放在孟菲斯法老的膝蓋上，君王由此不停地找尋這隻迷人涼鞋的女主人，想像她的美貌。灰姑娘的原型由此而來。

71 參見B. Van de Walle, « La "Quatrième pyramide" de Gizeh et la légende de Rhodopis », in *L'Antiquité classique*, III, 1934, pp. 303-312 ; C. Coche-Zivie, « Nitocris, Rhodopis et la troisième pyramide de Giza », *BIFAO 72*, p. 115, *sq*.

chapter

18

主母的崛起

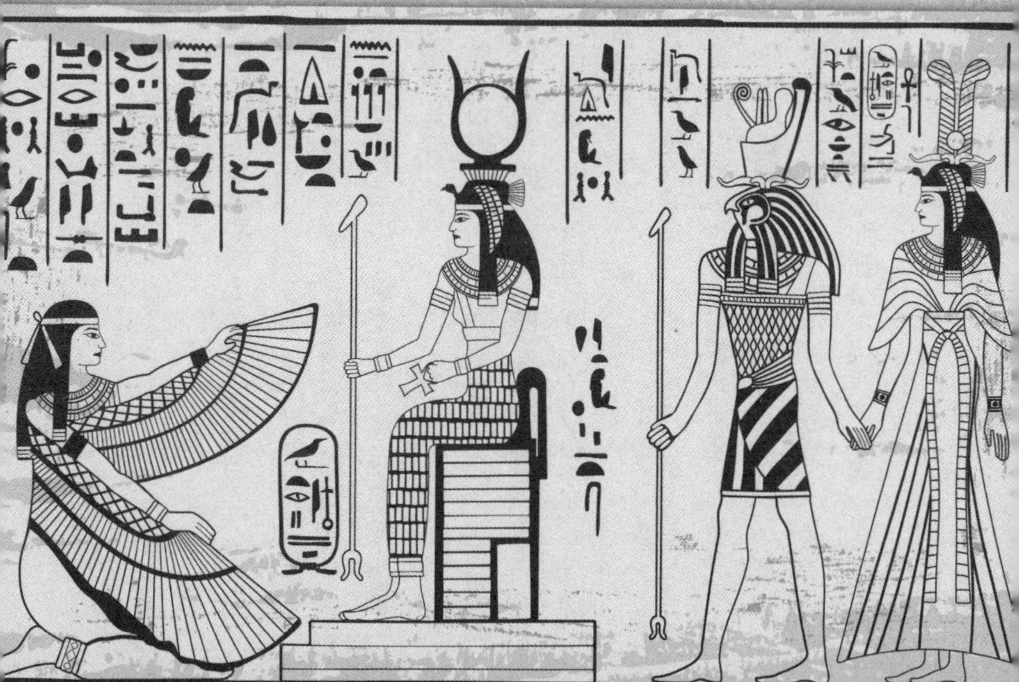

在古王國崩潰之後，埃及歷史進入了第一中間期，這段期間法老的政權被削弱。之後隨著法老政權的再度鞏固以及上下埃及的團結，埃及再次迎來了繁榮期。在中王國時期（約西元前二〇六〇年－前一七八五年），出現了不少統治力強大且受人愛戴的法老，逐漸建立了社會上的秩序。根據現存的少數古蹟來看，當時的建築非常精巧，雕塑華麗，文學作品也極其豐富，與此前的金字塔時代截然不同，一個新的黃金時代來臨了。

在這段時期，古埃及的核心價值體系——對女性的尊重——不僅沒有被遺忘，反而更受重視，在中王國時期甚至開始出現了「主母」（*nebet per*）的稱呼。不僅人們讚美這一角色，整個國家都對它歡呼稱頌。一位智者表示，善於持家的女性是無價之寶；任何人，尤其是她的丈夫，都無權煩擾或批評她。人們唯一合理的態度就是欣賞主母的工作。

在埃及文中，家（*per*）這個詞彙到底有什麼含義呢？它既可以指一座傳統的三室住宅，其中一間屋子會用於祭祀祖先。這種住宅可以是一棟別墅，也可以是包含麵包房、啤酒屋、作坊和牲畜棚的住宅建築群。而不論住宅大小，家庭主婦都要對它進行嚴格、精細的管理。

對住宅的管理最重要的是衛生。在法老文明中，衛生的重要性再怎麼強調都不為過。衛生事務由國家負責，只有這樣才能避免眾多傳染病的肆虐；而在公共場所，每隔一段距離就設有煙燻消毒設施。

備齊盥洗室、肥皂、皮膚刮板、牙膏，跨過門檻進屋之前必須清洗手腳：家庭主母在這些原則方面可不會有絲毫妥協。

人們只能穿潔淨的衣物。洗衣房繁重的工作由男人承擔，他們使用洗衣池，搬運沉重的洗衣包裹。

主母的另一個職責是為家庭成員準備食物。古埃及人吃些什麼呢？古埃及的飲食可以簡單地總結為：麵包加啤酒，這些是最基本的食物，源自於穀物的固體和液體。我們可以在小塑像和浮雕中看到：女人們揉捏著篩籮中濕潤的麵團，然後再做成多種形狀的麵包，食用麵包時還會搭配諸如椰棗甜酒之類的飲品，這種飲品的口感就像啤酒。

菜單不僅限於此。人們還可以品嘗到多種鮮魚或魚乾，尼羅河盛產的魚就有十幾種，其中最著名的鱸魚重量驚人。古埃及人吃豬肉、羊肉及牛肉，還食用大量各式品種的水果和蔬菜。葡萄酒也很受歡迎。一般來說，葡萄酒根據法老統治的年份不同，被分為「較好」、「很好」、「非常好」以及「年份酒」等不同級別。

在第二王朝一位女性的陵墓中，考古學家發現做了防腐處理的一餐食物，包括由一種大麥製成的粥、一隻烤鵪鶉、豬腰、鴿肉燉菜、魚、牛排、圓麵包、蛋糕、漿果和無花果果醬。

多虧家庭主母的精心照料，家人可享用大量美食。主母去市場購物時可以毫不手軟地大膽議價，這在以物易物時占盡優勢。而當主母管理擁有眾多雇工的大型農場時，經常會設置一個服務公告欄，上面寫著詳細而明確的規定，並要求大家嚴格遵守。上天都不得不讚嘆主母的管理才能。

chapter

19

女僕，並非奴隸！

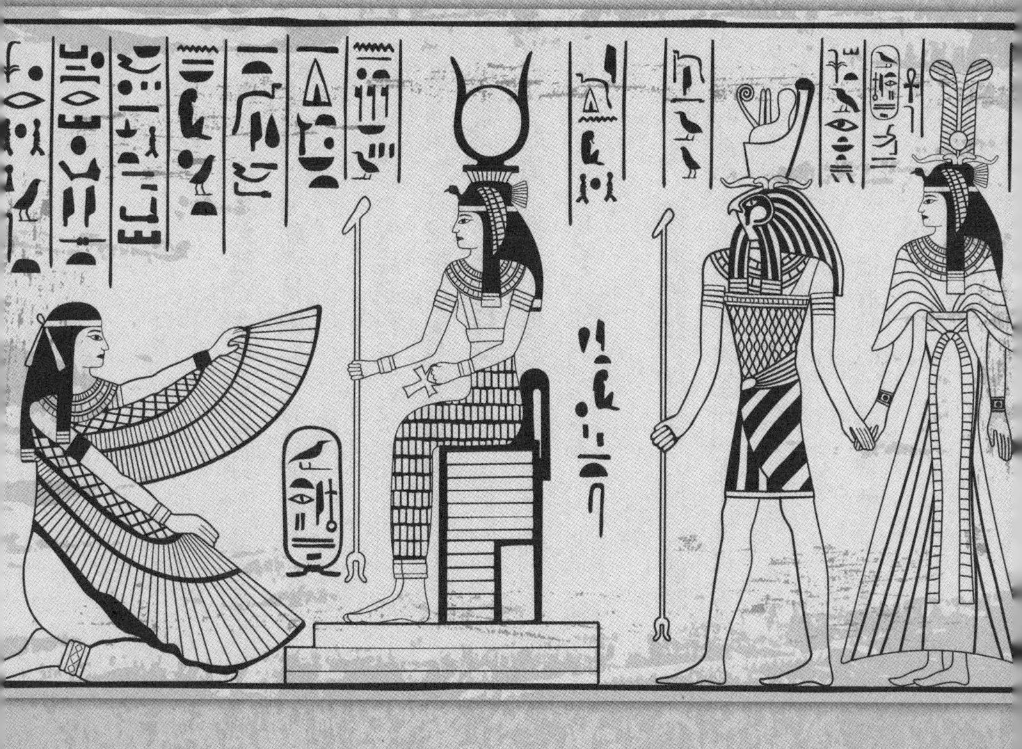

完美話語如綠寶石般難尋蹤跡，我們卻能時常從石磨邊勞動的女僕口中聽到。這是古埃及智者普塔霍特普的第一條箴言，它為我們奠定了基調：勞動者是被雇傭者、服侍者，但不是奴隸。

我是最早提出、並不斷重複以下觀點的埃及學家之一：奴隸制在古埃及從未存在過。瑪阿特法則的實踐使奴隸制度無法存在。在那些愚蠢而不乏意識形態偏見的好萊塢影片中，經常刻意展現成千上萬古埃及奴隸被毒打或鞭笞的場景，如何駁斥這種偏見令人大傷腦筋。而一些學識淵博的人仍在添油加醋地傳播那些貌似科學的錯誤觀點，他們把「*hem*」一詞翻譯成奴隸，而事實上這個字的意思是「僕人」或「待從」；而第一位*hem*指的是法老本人，他是「神的僕人」。

在古埃及，無論男女，沒有勞動者會被當作一種物品，或是某個被剝奪靈魂、自由的個體，而被隨意地買賣。勞動具有崇高的價值，這是基本的社會價值觀。無論是在浮雕、繪畫還是雕塑作品中，都可以看到古埃及人對最下層勞動者的重視和尊重。女性也沒有被忽視，許多女僕的形象永遠與主人聯繫在一起。

透過這些藝術品與文字，讓我們對法老時代的勞動方式有很清楚的了解。貨幣是被禁止的，但是以一種基於金屬的標準來確定的「實物工資」概念是存在的，每個工人都會得到報酬。即使平凡的女僕，亦能擁有財產、嫁給心儀的對象、讓指定人繼承財產。她們可以自由遷徙，也有權終止不合心意的勞動協定。

雇用臨時勞力是很常見的做法，例如需要臨時付錢雇用一個女僕做幾個小時或幾天的家務。這與奴隸制毫無關係！雇用勞動力的價格是開放的，有時甚至是高昂的，如僕人臨時工作四天就能得到一頭牛！曾有一個來自敘利亞的外國女僕向雇主要了六個銅盤、一些衣物、一條毯子和一罐蜂蜜，才願意準時勞作。

關於勞役的規定是埃及法律一個獨特的規定。當尼羅河水氾濫時，耕地被水淹沒，農民只好停工。國家招募他們到各大工程現場去工作，並提供住宿與報酬。這種以工作時長折算的勞役也是一種繳納稅收的方式。

有一位農婦苔蒂（Téti）寧願逃跑也不願履行勞役職責。執法人員將涉嫌同謀的罪犯家屬監禁起來。苔蒂決定向當局自首，她被處以加罰額外勞役時日的懲處。

值得注意的現象是，每個人都只對自己的錯誤負責。妻子不會因其丈夫的不端行為受責罰，也絕不會因此遭受牽連，如果孩子的母親被判從事公共體力勞動，她不會被要求與其幼子分離。

只有一些關在綠洲苦役監牢的罪犯和未達獲釋刑期的戰俘是被強迫勞作的對象，強迫他們勞作比單純關押更有意義。在他們當中，有很多人最後選擇留在埃及結婚生子、使用埃及姓名，甚至少數人擔任了高級職務。

雖然古希臘、古羅馬以及後來的許多文化（甚至直到今天）都實施過奴隸制，法老統治下的埃及卻不在此列。

chapter

20

美的締造者：女造型師

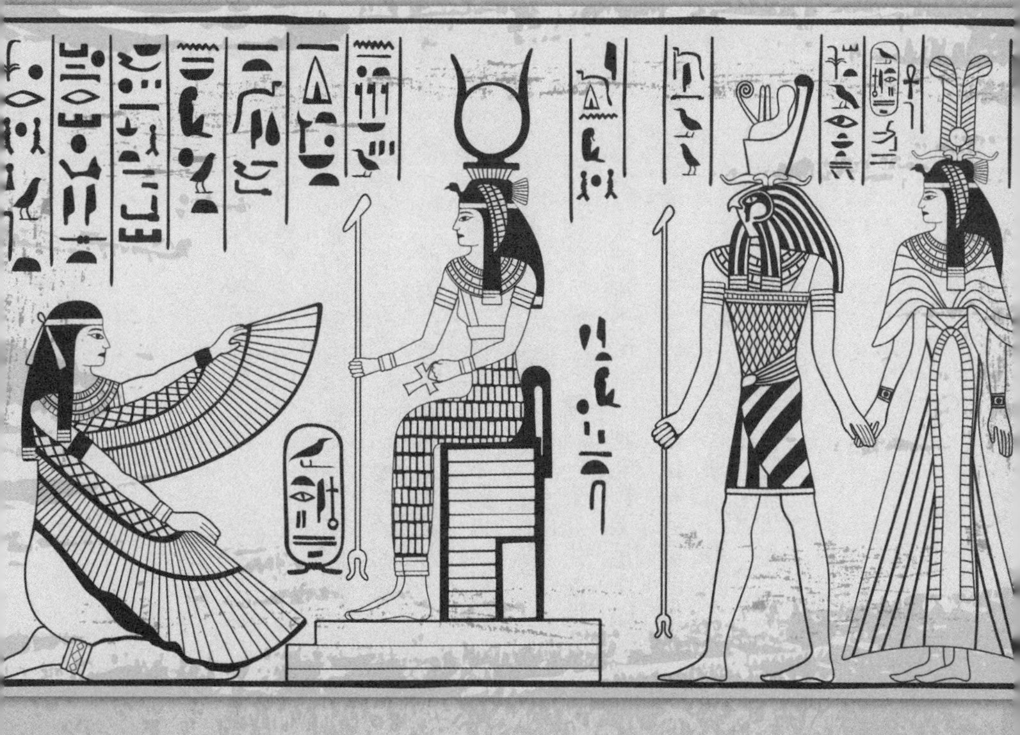

在古埃及，當女造型師可不是一件容易的事。女性希望像女神哈托爾一樣光彩照人，以表示對這位女神的敬意，因而全能的專業女造型師顯得尤為重要。

伊內努（Inénou）就是其中一位，被稱作「能量提供者」。她的形象因布魯克林博物館的一幅浮雕而永存下來。中王國時期的埃及仍忠實於金字塔時代確立的美感、魅力和優雅的傳統，而為數眾多的考古文物[72]和文字證據使我們得知像伊內努一樣的專業女造型師的工作職責。

因為與女神哈托爾緊密相關，伊內努的工作不只有世俗的內容。使女性優美動人，就是讓其分享女神的光芒，同時讓女性的身體本身成為美的集合體和女性表達自我的一種形式。

為精心護理女性的一頭長髮，伊內努掌握了五花八門的技巧，使用各種假髮來美化女性形象。她從容地運用各種複雜的髮綹、髮辮、辮帶，什麼樣式都難不倒她。她能夠滿足女顧客的各種需求，根據她們的臉型設計髮型。伊內努用諸如蓖麻油等護理用品來保持頭髮的健康。醫學專論中甚至有一個章節專門談及毛髮護理。她有一些祕方專門用來治療禿頭和脫髮，另有一些染色劑用來遮蓋可怕的白髮。一個女人對另一個女人能想像到的最惡毒詛咒就是詛

72 例如，保存在開羅博物館的卡烏伊特（kaouit）公主的石棺，編號JE 47397。

咒她失去秀髮。

伊內努擁有大量美容用品，並把它們井井有條地擺放在以金屬和象牙裝飾的精緻箱子裡。在用梳子、別針和脫毛鑷子對女顧客進行一番精心護理之後，伊內努就要挑選香水了。

製造香水是古埃及的一大特色。大型神廟中的人在香水製作工藝方面技藝非凡。與人們的長期認知相反，埃及香料不僅是用油料浸泡芳香植物製成，還有其他的製作法。幸而透過神殿遺留的文獻，我們發現了大量未知香料，其中一些尚未被驗明。眾所周知，在古埃及文明中，香水和生命氣息及靈魂重生緊密相關。實際上，埃及香水製造者工作的複雜程度和技術性非常高。

伊內努或許選取了一柄脂粉匙[73]，它的形狀猶如裸體女泳者，雙臂伸展於身前，象徵穿越原始之水的天空女神。伊內努施以一種墨綠色膏粉，這種物質據稱可以清潔神靈的面頰，治癒荷魯斯的眼睛使其健康無疾。伊內努為女性的化妝過程兼具美感、神性象徵意義和療效。說其具有美感，我們可以從欣賞古埃及女性的妝容直觀地感受到；說其具有神性象徵意義，

73 脂粉匙的造型各異：演奏魯特琴的女音樂家造型、持花的小姑娘造型、少女盪舟在盛開蓮花和紙莎草的水面的造型。

是因古埃及女性具備神性；說其具有療效，是因為那些膏粉保護眼睛免受多種疾病感染。

根據最近的一項發現，這些品種多樣的化妝膏粉不是簡單以鉛、錳和銅為基本配方，古埃及的化學家們通曉如何製造有效消除皺紋和疤痕的合成製品。[74]

髮型、香水、化妝、脂粉……然後便是服裝了。亞麻是古埃及服裝的首選材質，從供王室使用的上好質地到普通百姓選用的一般質地材料應有盡有。古埃及女性永不過時的至愛——背帶緊身裙——凸顯了女性曼妙豐潤的曲線。後來還出現了百褶裙和輕盈透明的面紗。

內衣是什麼樣子呢？是一塊三角形的纏腰布。冬天寒風刺骨，人們有披肩和羊毛大衣可以禦寒。古埃及人主要穿涼鞋，從紙莎草編的基本款式到昂貴的、帶有裝飾的皮製涼鞋一應俱全。

伊內努又怎麼會忘記最不可或缺的裝飾品——珠寶首飾。首飾的品類非常齊全，戴冠、耳環、項鍊、吊墜、手鐲、戒指等不一而足；用料相當考究，從黃金、紅玉髓、紫水晶、綠松石、蛇紋石到其他等級寶石應有盡有。這些寶物護佑美女們免遭惡魔侵襲，並為她們的生

74 參見二〇〇一年四月刊 l'X, n° 564, avril 2001, p. 39 *sq.* 當時的實驗室主要提煉角鉛礦和羥氯鉛礦。

活平添了生趣。

最後，終極的考驗是梳妝鏡。埃及象形文字中鏡子（*ankh*）的意思是「生命」。當女顧客從鏡子裡欣賞自己時，會滿意造型師設計的造型嗎？她會認為自己配得上做女神哈托爾的女兒嗎？這些拋光的金屬圓盤被視為太陽的化身，能夠映射星空的璀璨光輝。這些鏡子也會被運用在神廟的慶祝儀式上。

鏡子，我美麗的鏡子……經過精心梳妝、香薰、服飾裝扮後的女人容光煥發，如晨曦般光彩奪目。她的眼睛明似秋波，手指燦若蓮花。即便她的美如曇花一現般轉瞬即逝，也能使女神哈托爾永世長存之美降臨人間並芳澤永駐。

chapter

21

洞悉至高奧祕的女性

中王國時期，位於上埃及的阿拜多斯聖地規模持續擴大，引人矚目。它沒有發展成經濟中心，而成為精神聖地，人們在這裡舉行對歐西理斯神祕的崇拜儀式。從第一王朝開始，此城已經占據了重要地位，歐西理斯的神話傳說自此形成——他不幸喪命於兄弟賽特之手，之後被自己的姊妹、也是妻子的伊西絲救助而復活。這使人確信，只要能洞察至高奧祕，了解其終極意義，並成為與歐西理斯一樣的人，愛與智慧就可以戰勝死亡。

中王國時期的法老們特別重視阿拜多斯聖地，尤其是塞索斯特利斯三世，這位法老面目莊嚴，耳朵碩大，因為他需要日夜聆聽人民的心聲。舉行歐西理斯奧祕儀式的神廟規模日益擴大，洞悉了奧祕的聖徒們擁有龐大的建築群來舉行奧祕傳承的神聖儀式。

關鍵問題是：儀式中有女性參與嗎？答案是肯定的。再者，如果一個男人的永恆是歐西理斯神的永恆，那麼一位女性在完成奧祕傳承儀式後，會兼具哈托爾女神與歐西理斯神的能力。

其中的一位女性尤其值得一提，一份獨特的考古文件昭告了她的存在：塔尼（Taniy）夫人，她的名字大概意為「從邪惡中解放的人」。像諸多與她一樣洞悉至高奧祕的聖徒和朝聖者，她也有權在阿拜多斯聖地立下不朽的石碑。這些令人感觸頗深的石碑是至關重要的歷史見證，如今散落於世界各地的博物館。屬於塔尼夫人的石碑破碎成了兩塊，但如今人們成功地將它修復好，也可算是一個小小的奇蹟。[75]

塔尼夫人的碑銘究竟向我們傳達了什麼資訊？首先，塔尼夫人是個性格外鮮明的人，這意味著她不僅有強烈的個性，而且領悟力極高，能夠接受教育，並將學到的知識付諸實踐。這些天賦與能力使她脫穎而出，受到王室夫婦的關注，最後成為他們的隨從。法老也看中了她的諸多優點：她的言語精闢、措辭準確，尊重瑪阿特法則。她享有「隨行尊者」[76]的地位和君王們的愛戴，平日經常收到禮物。

作為「被國王認可的人」，塔尼夫人被允許前往阿拜多斯學習歐西理斯神的至高奧祕儀

75 參見H. de Meulenaere, « Retrouvaille de la dame Taniy », *Pyramid Studies*, 1988, pp. 68-72.

76 「尊者」對應的詞是「imakh」，字面意思是「沐浴在光之中的人」，換句話說，就是達到了人類最高精神境界的人。與一種不斷被提及的錯誤認知相反的是，這個單詞不僅適用於被歐西理斯神認定正直的往生者，同樣適用於仍身處塵世的那些洞悉他的至高奧祕的人。此外，塔尼夫人表明，「我是一個有良好品質的人。我所提出的神的儀式都是為她完成的」。這是僅針對女性長老的慣常表達。另外，最近人們在一處具有極大象徵意義的遺址中發現了另一位女性長老（伊巴赫特）。這處遺址是厄勒－柏爾舍（el bersheh）中埃及時期托特神大祭司們的集中陵墓。這位女性長老被賜名為「Djehoutinakht」，意為「托特神是勝利者」，法老授予她一個極高的頭銜，並賜予她一處長眠之地。（參見H. Willems, *Les Textes des sarcophages et la démocratie*, Paris, Cybèle, 2008, pp. 85-86.）

式。她的石碑上雕刻的文字非同尋常，因為這些文字描述了一些宗教儀式的時刻，古埃及人通常對宗教典禮守口如瓶，世人將各類分散的文獻組合在一起，才能從中窺得一二。[77]

到達阿拜多斯後，塔尼夫人被帶到「神帳」裡，接受「淨身禮」，就像法老每天早晨所做的那樣。她的視野被無限放大，她終於能夠目睹並參與歐西理斯復活的神聖儀式。凝視歐西理斯的木乃伊時，她也在直視死亡。一夜守靈儀式結束後，漫長的復生過程在她眼前揭開了神祕面紗，這是真正的通靈法術，能起死回生，也把知曉歐西理斯奧祕的信徒們轉化為「歐西理斯」。

在經歷了這些考驗之後，塔尼夫人透露她登上了歐西理斯的小船，這是一項重要儀式，確保她從此能與人共用歐西理斯的永恆。她自此歸於歐西理斯信徒的陣營，與同道們一齊捍衛神聖之船不受賽特追隨者的攻擊，以避免船隻遭其摧毀。

在敵人們被擊垮、邪惡也隨之遠離神廟後，塔尼夫人從奇妙的光明之神的光輝中款步走到美麗的平原上，參與神職儀式的人們將被稱為「生命融於你」的植物伸向她的眼睛、鼻子

77 參見C. Jacq, *La Légende d'Isis et d'Osiris*, Paris, MdV Éditeur, 2010.

和耳朵，在她的身上塗抹名為「天之兄弟」的香膏。偉大的天神荷魯斯，在織造女神的幫助下，為她穿上聖袍——一條潔白的吊帶長裙。她頭戴一頂短假髮，上面點綴一串碩大的項鍊，項鍊象徵負責創造永恆世界的九柱神祇。她被引領到歐西理斯及其妻子伊西絲和他們的兒子荷魯斯面前。那時，她開始呼吸，她的眼睛也可以視物。

塔尼夫人宣稱自己是「忠誠的信徒」，所以能戰勝死亡，在彼世的天堂中重生，因此受到奉養她的「卡」的男女僕人的敬仰，塔尼夫人的名字經常與歐西理斯神的節日聯繫在一起。

如果要列一份洞悉至高奧祕的女性清單，需要極多的篇幅！想想赫努特－烏得傑布（Hénout-Oudjébou）夫人，這位「慷慨的主人」，她石棺[78]上的文字宣稱她身處不朽的星辰中，永不死去。而另一位曾經在神廟任職的音樂家——塔烏阿烏（Taouaou）參與奧祕儀式的過程，則在托勒密王朝時期[79]的紙莎草卷中呈現出來，這使我們獲得了一些非凡的啟示，不論男性還是女性神祇都喜歡塔烏阿烏，她被認為是所有重要的男性和女性神靈的化身。這是自我膨脹抑或妄想症？當然都不是！這些神不是信仰的對象，而是了解的對象；他們是可以被我們覺

78 這個石棺被保存在華盛頓國家藝術畫廊，聖路易市。E. Delange, *Aménophis III, le Pharaon-Soleil*, Paris, RMN, 1993, p. 270.

79 參見J.-C. Goyon, *Le Papyrus du Louvre* n° 3279, Le Caire, 1966. 5.「塔烏阿烏」這一名字可能意為「遠方的女人」。

察和解讀的創造性力量，我們也能藉此感知他們的靈魂。

從埃及文明開始直到消逝，女性都有機會洞悉神的至高奧祕，並參與能讓神明在世間永存的神聖儀式。正如上述這些女性們的經歷所揭示的，她們是底比斯神聖儀式的專家，為永恆的旅程做好了充足的準備，她們進入了由宇宙主宰的神祕宮殿，逐漸被引向神明的靈魂。[80]

80 內斯－塔－內傑爾－滕（Nes-ta-Netjert-ten）夫人（西元前三世紀），參見 T. Mekis, *CdE, LXXVI*（171-172）, 2011, p. 41 *sq.*

chapter

22

亂世之前的女法老：塞貝克諾弗魯

中王國時期的埃及呈現一片盛世安穩、欣欣向榮的景象。它展現在長久的統治、政府體系的高效率和受人尊敬的中央政府、富裕的行省、璀璨的建築與文學成就之上；以及能夠選擇一位女性擔任法老。她誠然不是第一位女法老，卻是第一位擁有完整王銜的女法老，事實上，她擁有五個王銜，這五個王銜界定了她的統治，最後一個是她統治時的名稱——塞貝克諾弗魯[81]，即「塞貝克的極致美麗」。

誰是塞貝克？塞貝克是鱷魚神！當你凝視她時，恐怕無法認為她是美麗的。不過埃及人不是從審美角度出發，而是從象徵性的角度出發；神聖的鱷魚神統治著埃及一個天堂般的省分——開羅西南部的法尤姆（Fayoum）。在王國統治下，大型灌溉工程成功地將法尤姆變成了一片青翠綠洲。而令人生畏的塞貝克被認為是一個偉大的、能使土地變肥沃的神，她能讓太陽從海底升起，並讓大自然充滿生機，被視為一條「大魚」的鱷魚神在這個地區被一群祭司

81 塞貝克諾弗魯有五個王銜。第一個王銜是荷魯斯（獵隼神，王室的守護者），是「受光明之神拉寵愛的人」；第二個王銜是塞貝克，含有兩個君主名（上下埃及、兩色王冠之地委派的女神），她是「力量權杖之女、上下埃及的主宰」；第三個王銜是金荷魯斯神，是「穩定王權的人」，亦或「王位穩固之人」；第四個王銜是上下埃及國王的名字：「塞貝克是光明之神（拉）的力量源泉（卡）」；第五個王銜為光明之神女兒的名字：「塞貝克的至尊美麗」。須知，「女法老」被認定為雌性獵隼（女性荷魯斯）和拉的女兒（而非兒子）。

所保護、餵養和尊崇。作為「法尤姆的塞貝克」，這位女法老法力無邊，她讓光明從黑暗中升起，使國土春意盎然。

我們初步認定塞貝克諾弗魯是王室的一員[82]，但對她記載在王室清單裡的統治年限仍存有疑問。根據都靈莎草紙卷，她的統治時長為三年十個月又二十四天，但有的學者更傾向於五年。

如果說權力中心是法尤姆，人們在當時的入城處就建起了一座座神廟和金字塔，法老塞貝克諾弗魯則完全統治了上下埃及，從尼羅河三角洲北部到南部努比亞（Nubie）的考古遺址就足以證明這一點，這些地區屬於埃及軍隊的勢力範圍。[83]

一座不幸殘缺的雕像[84]呈現了塞貝克諾弗魯作為法老的形象。紅砂岩雕像僅剩上半身，腰帶上寫著她的名字，女性的胸部、優雅的褶皺裙、王室專用纏腰布……毫無疑問，雕塑家希

---

82 一段源於法尤姆的碑銘記載，她「為父親建造了一座紀念碑」，我們從中推斷出，她是阿蒙涅姆赫特三世的女兒，但是碑文上的父親也可能特指某位神明。

83 在塞貝克諾弗魯統治的第三年，碑銘上詳細記載著「在上下埃及尊貴的塞貝克諾弗魯法老的統治下」，由此，我們了解到努比亞地區塞姆納遺址處尼羅河上漲的高度。須知曾有一尊塞貝克諾弗魯的雕像在以色列被發掘，這僅僅是文化輸出，或者在當時，埃及對該地區已經有了某種程度的控制？

84 該雕像展於羅浮宮，編號 E 27315，來源未知。

望將她的女性形象和至高權力融為一體並展現出來。與傳統一脈相承，當一位女性成為法老時，她既是女人又是男人，是一位女性荷魯斯神。

在尼羅河三角洲地區出土時，塞貝克諾弗魯的雕像以經典的姿勢呈現，坐在王座上，腳踩「九把弓」（這可能代表埃及的敵人，或是向神明獻祭的器皿）。在雕像中，她甚至採用獅身人面像的造型，其功能是保衛神廟遠離負面影響和世俗的褻瀆。顯而易見，那時為王室製作物品的作坊不停運轉，創造了大量關於他們統治者的肖像。

毋庸置疑的是，塞貝克諾弗魯建造了屬於自己的金字塔，為了表達奉獻給她永恆的「卡」的誠意，這座金字塔成為一堆建築群的制高點[85]。在她去世時，必須指定一位新的法老，同時，一個由神職人員組成的儀式團體日日悼念她。

然而，對埃及人來說，這還稱不上「世界末日」。真正的世界末日是：第一次外族入侵埃及，一部分埃及領土首度遭外族占領。入侵者粗暴地結束了塞貝克諾弗魯政權，光輝的中王國時期結束了。

85 這一建築群整體名為「塞貝克諾弗魯掌握權力」，人們猜測她的金字塔建在孟菲斯城以南的美茲哥哈納地區，不過並不能確定。

大約在西元前一七八五年，西克索人（Hyksôs）中的戰士、農民、游牧者聚集於富饒的埃及，開始攻占尼羅河三角洲地區。塞貝克諾弗魯的軍隊試圖抵抗，她統領軍隊作戰。她是否在戰爭中犧牲了？沒有一絲線索能回答這個問題。唯一的結論是：塞貝克諾弗魯自此無影無蹤，黑暗籠罩了埃及。

chapter

23

自由王后

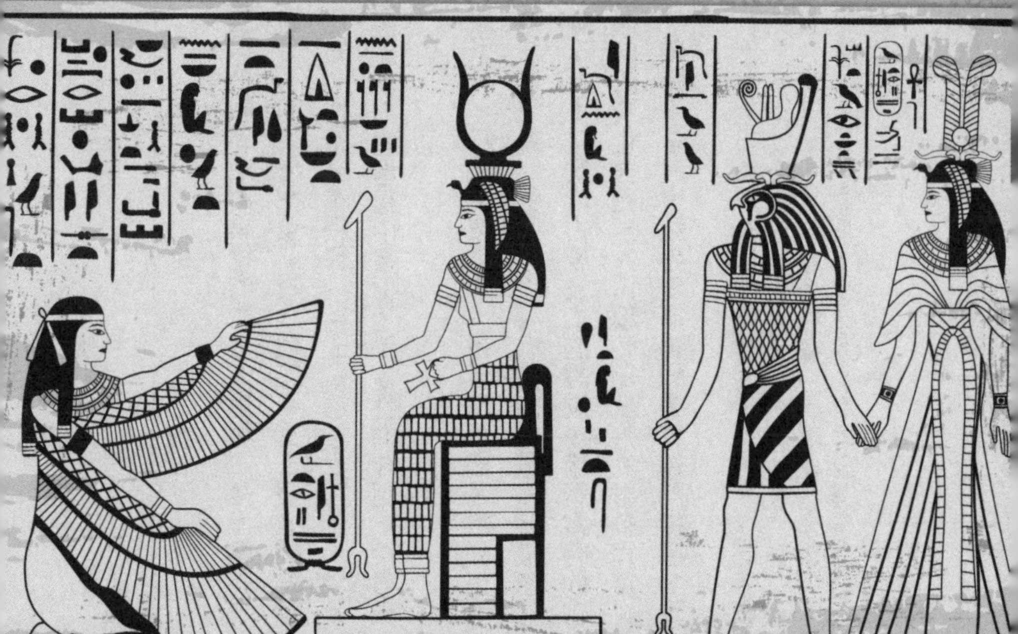

三隻金蠅是埃及至高無上的裝飾，只有驍勇善戰、能力卓絕的戰士才能用三隻金蠅作為裝飾，因為他們如同讓人困擾的蠅蟲一般，總是不知疲倦地重新投入戰鬥。這三隻金蠅的榮耀沒有賜予強壯的年輕人，而是屬於一位非凡的女性雅赫霍特普（Iâh-Hotep）王后[86]——埃及的「聖女貞德」，她在讓埃及重獲自由和驅逐西克索人的進程中發揮了決定性的作用，後者侵占埃及的部分領土長達兩個多世紀。

歷史是被排除在埃及思想體系之外的一個學科，它經常被歪曲，甚至沒有被客觀公正地對待。儘管雅赫霍特普做出諸多貢獻，她仍是這種現象的受害者之一，她的貢獻一直被忽視與低估。的確，一些歷史學家堅持自己的理論，而不是聽取古埃及人的證詞，儘管當時的古埃及人對西克索人的暴政恨之入骨，他們仍傾向於淡化西克索人占領時期統治的嚴酷程度。這些侵略者們難道不是光明之神拉的敵人嗎？難道不是殺害歐西理斯神的賽特的門徒嗎？當

86 我在《自由女王》（卷三）書中描述了雅赫霍特普（Iâh-Hotep）王后的不凡經歷，她葬於德拉．阿布．納迦地區的一處陵墓中，處在底比斯的王室陵墓區。參見 *La Reine Liberté*（3 volumes）, Paris, XO Éditions, 2001-2002。同時，除了三隻金蠅外，有另外兩樣象徵「戰士」的物品強調了女王的軍事角色：一把金匕首和一柄包金的雪松柄戰斧。參見 M. Eaton-Krauss, «The Coffins of Queen Ahhotep, Consort of Seqeni-en-Rê and mother of Ahmose », *CdE XLV/130*, 1990, pp. 195-205.

時各部族的領袖們為了捍衛各自的權力彼此爭鬥，所以西克索人成功地盤踞在北方，但是在南部各省則遭遇了阻力，尤其是來自底比斯地區的抵抗。

底比斯是雅赫霍特普公主出生的小城，她的名字意為「滿月」，我們可以視這個名字同時具有「戰爭」（*Iâh*）與「和平」（*Hotep*）的含義，因為在埃及人眼中，月亮是代表男性與戰爭的神祇。她是某個部族的公主[87]，在那片未被占領的領地上，她嫁給了一位性情激昂的年輕人賽科內爾（Séqenenrê）[88]，夫婦二人擁有同樣堅定的信念：將西克索人驅逐出埃及。

儘管身為兩個兒子的父母，但他們將天倫之樂拋在身後，全身心投入對抗外族的準備工作中。他們的做法令人難以置信，人們很難相信底比斯地區的一支小規模部隊能戰勝強大的西克索人軍隊。

在妻子的堅定支持下，賽科內爾決定發動進攻。西元前一五七〇年前後，他吹響了收復領土的號角。最初的對抗極端慘烈，勇敢的賽科內爾在戰鬥中不幸身亡。多虧了人們虔誠地保存他的木乃伊，我們才得知了他的英勇故事。那些用防腐香料保存屍體的人並沒有掩去他

87 雅赫霍特普是塔阿（Taâ）和特提舍麗（Tétishéri）的女兒，她可能是第一個發動解放戰爭的人。

88 這個名字意為「為了光明之神而勇氣倍增的人」。

的傷疤，這些傷疤珍藏著一個勇敢戰士的回憶，而這名戰士是為國捐軀的。

這樣的不幸可能會使大多數的遺孀氣餒，但雅赫霍特普並未一蹶不振。他們的長子卡摩斯（Kamosé）[89]拾起父親遺留的火把繼續戰鬥。

西克索人察覺到了危險，他們不得不採取新的戰略：尋求努比亞人的幫助，以對底比斯人進行鉗制圍攻。西克索人在北，努比亞人在南，反抗者們面臨被碾壓的命運。

但他們完全錯估了王后的警惕和決心：她讓自己的兒子領軍往北邊去，而她下令在象城加強南部邊界的防禦工事，阻擋努比亞人入侵城中。

雙線禦敵的戰術成功了！在雅赫霍特普牽制努比亞人的同時，她的兒子卡摩斯勢如破竹，連戰告捷，將勝利帶到了一處又一處被西克索人勢力盤踞的地方。

但是敵人的根據地——尼羅河三角洲的阿瓦里斯（Avaris）——尚未被攻克，這是一座難以攻占的堡壘。卡摩斯的圍攻失敗，儘管並沒有明確消息傳來，但我們可以猜出卡摩斯並未在襲擊中倖存。身為寡婦，長子失蹤……但雅赫霍特普絕不輕言放棄。而她的次子年紀太小，

89 卡摩斯意為「力量誕生」。

不足以上戰場，士兵們的士氣也逐漸低落。因此，她成為軍隊統帥，穩固了軍心。一篇精采絕倫的文章記錄了她的舉動：

> 向三角洲地區的這位夫人獻上誠摯的禮讚[90]，她的名字在王國內外都受到尊崇，她統領千軍萬馬，以智慧照護埃及。她與她的軍隊彼此守護。她讓流亡者回鄉，讓分裂者團結；她使上埃及祥和安寧，叛亂得以平定。[91]

這是這場戰爭的轉捩點。雅赫霍特普成功避免了軍隊潰散，將所有人凝聚起來，此後目標只有一個：奪取阿瓦里斯堡壘。最後，她的次子雅赫摩斯一世[92]完成了這項任務，並驅逐了僅存的西克索人。

---

90 haou-nebout 島在此處被描述為「北方的島嶼」。這句話表示尼羅河三角洲地區的水域因為雅赫霍特普而被收復。

91 *Urkunden IV*, 21.3-17. 為了紀念自己的母親，雅赫摩斯一世在卡納克神廟豎立了紀念碑。

92 雅赫摩斯一世是「月神之子」，源於他母親的戰士特性，也是「蛻變的巨人、底比斯地區的公牛、統一了上下埃及的人。光明之神拉是其力量的主宰」。

埃及自由了，這是屬於雅赫霍特普的勝利。她名字的第一部分「戰爭」自此完成，而第二部分「和平」迎來了新王國的誕生——十八王朝是埃及歷史上最輝煌的時期之一。這個非凡的成就應該歸於底比斯和它的保護神「阿蒙」（Amon）——「隱藏者」。同時，這座不起眼的南方小城從此成為上下埃及的首都，新王國的法老們努力不懈地美化它。底比斯的埃及名字是「*Ouaset*」、「力量權杖之城（*ouas*）」，為手持權杖的女神們所推崇。這樣強大的精神與物質力量導致卡納克神廟（Temple de Karnak）不斷擴張，在底比斯地區諸多神廟中，它是獨一無二的那一座。

儘管教科書上並沒有認可雅赫霍特普王后的關鍵地位與功績，但她改變了古埃及的命運，為「新黃金時代」的到來譜下了序曲。

chapter

24

黑王后？

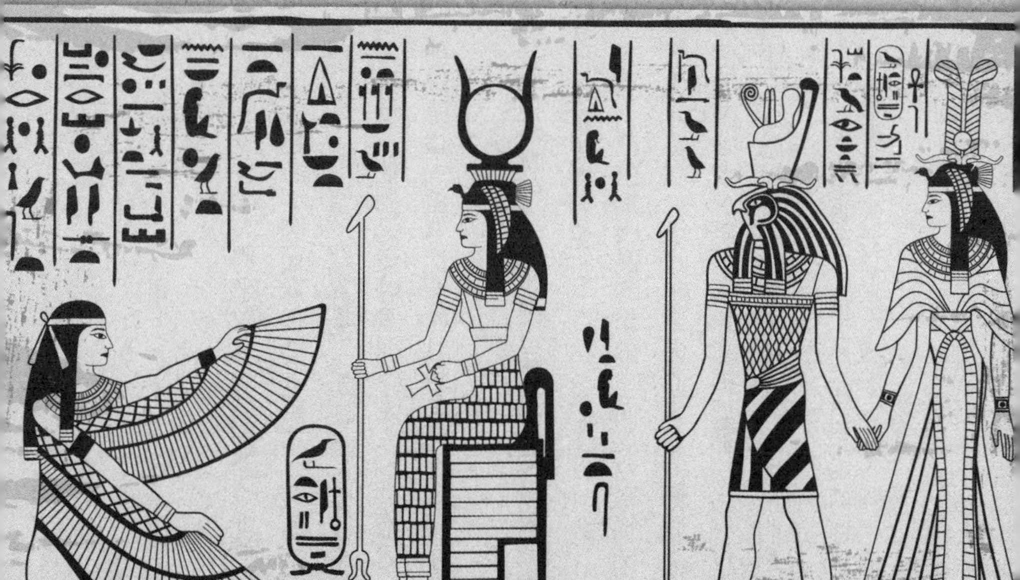

對於長期徘徊在古老的底比斯河西邊、探訪那些陵墓的人們來說，一個細節讓他們感到無比困惑：這些永恆棲息地的內部充滿了生動明亮的色彩，因而顯得如此鮮活，沒有絲毫死亡氣息，那麼處在色彩鮮豔的陵墓中，這位反覆出現、明顯受人敬仰的「黑皮膚」女王是誰？

第十八王朝來臨之際，埃及人正與努比亞人抗爭，他們是侵略者西克索人的同盟者，如果說黑皮膚暗示了她是膚色很深的努比亞人，那麼這樣一位努比亞女性可能登上埃及至高無上的王座嗎？

這當然絕無可能，而且有確鑿的證據：透過雅赫摩斯－奈菲爾塔利王后被藏匿的木乃伊[93]，我們得知，這位於松柏之壽去世的特殊女性確實皮膚白皙。

為何會以黑皮膚來展現她的形象呢？在古埃及，白色是服喪的象徵，而黑色毫無任何負面的內涵——甚至恰恰相反：黑色讓人聯想到肥沃的淤泥，以及賜予人們生命的慷慨土地。胡狼頭人身、身著黑袍的阿努比斯神則是木乃伊的創始者，是引領無罪靈魂通往另一世界的嚮導。此外，當歐西理斯神呈現黑色時，象徵他正在施展神奇的煉金術，而這煉金的過程具

93 一八八一年在哈特謝普蘇特神廟發現了王室的藏匿處。王后的木乃伊躺在一座巨大的石棺裡，大約四公尺長。其中有兩種生命之符ânkh和一頂豎著兩根羽毛的假髮，它們象徵光明之氣與創造之火。

有起死回生的魔力，從這些地方都可以看出古埃及對黑色的尊崇。

歐洲中世紀承襲了古埃及的象徵意涵，刻意彰顯了黑色聖母瑪利亞的形象。它讓人想到懷抱著嬰兒時期荷魯斯的伊西絲女神，以及光明自黑暗中誕生的概念。

這位王后究竟是誰？她被視為埃及在歷經外族統治後復興的象徵，沒有她，埃及的復興可能早已淪為空談。

首先，她的名字「奈菲爾塔利」，意思是「月神之女，美麗如伊」[94]。她與雅赫霍特普（見二十三章〈自由王后〉）的傳統一脈相承，但是發展出「美」的概念，而且「美」也不足以完全闡釋「奈菲爾」（néfer）這個詞的含義，因為它還蘊含「完美」、「善良」以及「傑作／完美作品」之意，從中也仍將孕育出未來的新作。

關於雅赫摩斯－奈菲爾塔利王后的出身與家庭，沒有確切的史據考證，而她並不需要身為王室的一員，才能成為第十八王朝首任法老的妻子。這位法老雅赫摩斯一世的名字意為「月

94 後人習慣把雅赫－奈菲爾塔－伊利（Iâh-Néféret-Iry）稱作雅赫摩斯－奈菲爾塔利。她名字的第二部分奈菲爾塔利（Néfertari），意為「美麗一如她，美麗歸於她」，拉美西斯二世的大王后也用奈菲爾塔利作為她的名字，我們在下文會提到。

神之子」，他是與西克索人戰鬥中的獲勝者。

雅赫摩斯－奈菲爾塔利王后和她的法老丈夫很長壽，生活其樂融融，且共同撫育了許多孩子。她的思想和行為深深地滲透到了新生的王朝，而她的長壽正是她影響力的關鍵之一。

☥ 對祖母的愛

如果說雅赫霍特普扮演了類似「聖女貞德」的角色，那麼部分原因則出自她母親的決心。她的母親特提舍麗被看作國家的祖母，性格被淬鍊得堅強無比，她是新王國未來女王們的榜樣。

而作為大王后，雅赫摩斯－奈菲爾塔利則決心以特別的方式向特提舍麗致敬。

特提舍麗紀念碑設立的地點並非隨意——在阿拜多斯，這裡既是歐西理斯神的王國，也是復活儀式的聖地，為了紀念這位獨一無二的祖母而建造的紀念碑同樣非同凡響、無與倫比：一座金字塔和一座神廟，祭司們在這裡供奉她的「卡」。

紀念的倡議由特提舍麗的孫子雅赫摩斯國王提出，他非常尊敬他的祖母。在阿拜多斯發現的一塊石碑上記載了這位君王與他妻子之間的對話，他們在對話中共同決定建造這些紀念碑。

在這對夫妻眼中，尊敬祖先是非常重要的事，尤其是這位堪稱典範的祖母，在每一個盛大的節日裡，她的祭壇都必須擺滿豐富的食物。這樣能使她的祭桌恢復活力，由於祭桌聯繫著塵世與彼世，如此一來，這位驍勇的祖母就可以保佑她的後代免遭厄運。而王后的職責之一就是確保祭祀儀式能夠圓滿完成。

☥ 神的妻子創建了她的領地

底比斯是王朝的新首都、阿蒙神（Dieu Amon）的聖地，在這裡可以見證等級制度的確立。而在大祭司之下，擔任「神的第二僕人」這一職務的人是王后，而非一名男性。

但這個職位並不能讓雅赫摩斯－奈菲爾塔利滿意，於是她要求法老設立一個新的機構，隸屬於「阿蒙神的妻子」[95]，並且賜予她不虞匱乏的財富，這個機構完全由王后掌管。

她的請求被法老批准了，相關法令被雕刻在卡納克地區發掘出來的石柱上。法令的具體內容是什麼？它規定了國家應向王后捐贈建築物、土地、黃金、銀、銅、衣服、油罐、小麥、香膏及美容用品。這些資產的價值按基準確定，而法令明確指出捐贈物品的實際成本已經降低。王后對這項交易的條件無異議，且沒有任何人能提出質疑。她感謝國王在她一無所有的時候賜予她如此多的財富。

成為「阿蒙神的妻子」的最後步驟是在宗教和民事當局宣誓，以得到阿蒙神的支持。雅赫摩斯－奈菲爾塔利從此將永遠是他忠實的僕人。

王后戴著一頂短假髮，髮帶縛於假髮上，兩根高高的羽毛翹起，象徵著生命與規則的和諧。身穿吊帶緊身裙，王后帶領祭司們，不分男女，致力於投入對阿蒙神的崇拜儀式和神祕的祭禮。作為「阿蒙神的妻子」，王后在儀式過程中召喚阿蒙神，然後降神於自己身上。至此，她完成了神聖的術法，以此確保了國家的長治久安。

95 編按：Épouse du dieu (Amon)，意為「（阿蒙）神之妻」，是古埃及眾神祇信仰中的最高等級祭司，通常由埃及法老的女兒或妹妹擔任。在古埃及王朝早期，該職責在某些宗教儀式中代表阿蒙神，而非承擔政治職務。

☥ 王后統治……

在雅赫摩斯一世的統治之下，埃及度過四分之一世紀幸福和平的時期，這位法老的生命此時走到了盡頭。應繼承王位的「兒子」年紀太小，於是王后雅赫摩斯－奈菲爾塔利開始攝政。這位「上下埃及的女主人」兼任首相及建築總管，確保了權力的連續性，直至阿蒙霍特普一世登基。雅赫摩斯－奈菲爾塔利還負責舉行年輕法老的加冕儀式。在被外族長期占領之後，目睹一個王朝的誕生，簡直是一樁奇蹟。透過不容置疑的權威，王后促進了國家的穩定。

在這種情況下，我們可以理解為何人們要為她建造一座神廟，名為「願此處長久安寧（*men-set*）」，雖然這通常是法老才享有的特權。在一個節日之刻，雅赫摩斯－奈菲爾塔利的神聖小船自神殿出發，承載著以黑皮膚示人的王后雕像，駛過西岸的聖地。

這條河岸被王后賦予了生機和活力，在她的推動下，建立了一個名為「真理之地」（德爾埃勒－梅迪納赫村）的村莊，並且進駐了一個負責挖掘和裝飾王室墓地的工匠團體。究其一生，他們都崇拜奈菲爾塔利，視她為他們的主保聖人[96]與守護者。而偉大王后的創造力並未就此結束，她很可能還撰寫了一些重要文件，例如阿蒙霍特普一世的儀式規範，這提供了在底比斯神廟工作的雕塑家和畫家們各種靈感。毫無疑問，她也參與法老們日常進行的神聖儀式，使之更加圓滿。

雅赫摩斯－奈菲爾塔利終生致力於建立一個為神祇和人民服務的國家，並恢復這個國家的自由和繁榮，最終她在圖特摩斯一世統治時期重返天國。沒有人會忘記她！她被後人視為行善有功的祖先之一，得到人們發自內心的尊崇。她的事蹟被銘刻在底比斯陵墓的內壁上，也透過各種形式留存下來，如聖甲蟲像、珠寶、以她的名字命名的修女們，還有石碑及雕像等。在埃及最古老的卡納克神廟，她的「卡」永久居住在一座雕像中，她的形象也出現在浮雕上。塞提一世和他的兒子拉美西斯二世都悼念這位偉大王后——她既是「神的妻子」，也是一個王朝和一個新黃金時代的母親。

96 編按：守護聖者，即某地或某群人的守護者。基督教某些宗派對聖人或天使使用的特定稱呼之一。

chapter

25

黃金王后：哈特謝普蘇特

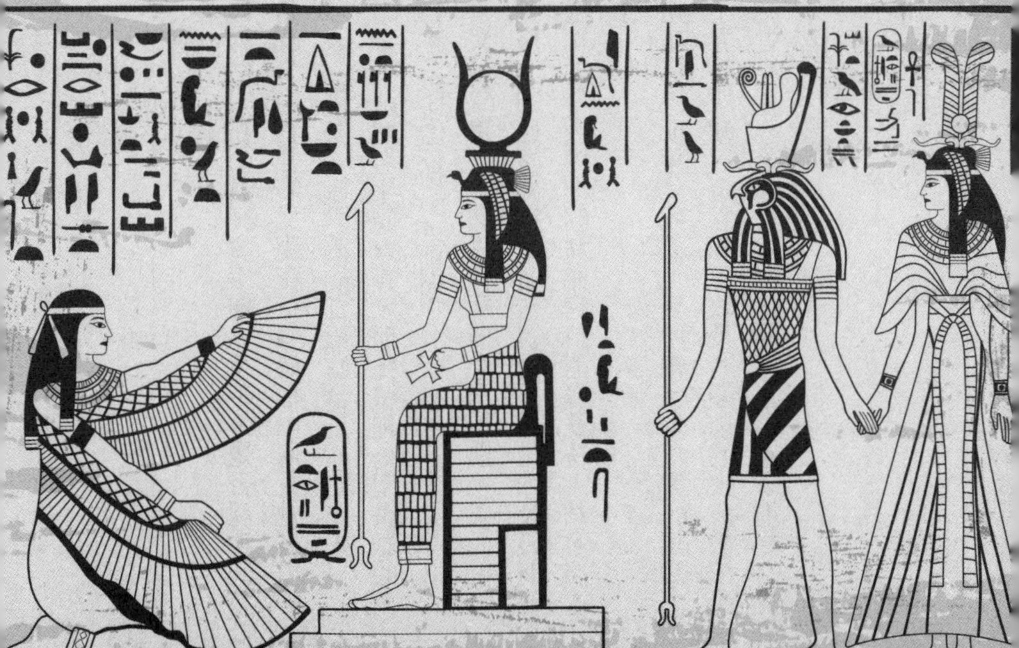

不知圖特摩斯一世法老的女兒，這位年輕的姑娘在聽從父命走遍埃及時，是否意識到諸神為她安排了非凡的命運？或許多少有一些預感？因為她的父親在這個過程中傳授她權力的奧祕，讓她的足跡遍及了上下埃及的所有省分，在踏進每一座宏偉的神廟時被介紹給眾人——由「托特神之子」——這是她父親「圖特摩斯一世」這個名字的含義，而托特神是聖書體的創造者，也是智慧之神和文官的統領。可以說這是一段決定性的培訓期。

國家安寧富饒，王朝政權穩固，首都一片繁榮景象，卡納克神廟擴大了規模。然而，國王並沒有忘記西克索人的入侵和努比亞人的背叛，因此邊界被嚴密監視著。但是埃及沒有被任何危險籠罩，國王能專注於統治，並將治國精要傳授給他的女兒哈特謝普蘇特，其名字本意為「貴族的首領」。

在這些旅程中，她是一個孩子、青少年還是已經成年？我們一無所知。坦白說，無論史實或軼事，關於這位著名女法老的統治幾乎不為人所知，這點和下埃及時期前的大多數法老一樣。然而，我們有幸透過雕刻或書寫下的歷史見證，了解哈特謝普蘇特心中異常重要的傳世之道。儘管這條道路充滿不確定因素和無法回答的問題，但我們也要順著它前行。[97]

☥ 哈特謝普蘇特王后，王朝的統治者

哈特謝普蘇特在父親去世後，嫁給了圖特摩斯二世。對於她當時的年齡，文獻上沒有確切的記載。一如古埃及不重視歷史的傳統，圖特摩斯二世的統治時長也無法確定，根據不同研究者得出的結論，從三到十四年不等。他離世之後，圖特摩斯三世儘管還是一個小男孩，亦被傳召為國王——關於他出身的記載很模糊。既然他年紀太小，無法統理國事，按照慣例，國家政權再一次掌握在大王后的手中。

唯一能夠肯定的是：哈特謝普蘇特為攝政做好了萬全準備，並對國家政權運作的機制瞭若指掌。一篇非常清晰的文件指出：「神之妻子哈特謝普蘇特掌管著國家事務，上下埃及處於

97 主要參見S. Ratié, *La Reine Hatshepsout, sources et problèmes*, Leyde, Brill, 1979 ; « Hatchepsout, femme-Pharaon », *Les Dossiers d'Archéologie*, n° 187, novembre 1993。

她的統治之下。她的權威被接受，尼羅河谷向她屈服。」[98]建築總管伊內尼（Ineni）補充道：「她按照自己的計劃治理國家，整個國家都在她的領導之下。」伊內尼用了一個對埃及人來說十分有說服力的象徵：她是一段纜繩，牽引著北部；她是一根立柱，拴繫著南部；她是政權的完美掌舵者。當她傳遞自己的力量時，和平籠罩著埃及。

眾多的跡象表明，這位攝政女王並沒有任何排擠小圖特摩斯三世的跡象。這位年幼的法老一點點學習如何成為一位合格的法老。女王正忙著建造她的身後居所，位置選在了一處極難進入的地方，想進入的人必需具備良好的體能和攀爬技巧，不過這並沒有成功地阻止後來的盜墓者們。

一切看起來如此簡單，然而……一位神祇，而且是一位不凡的神祇，插手了世間的事務。在圖特摩斯三世統治的第二年，冬季第二個月的第二十九天，阿蒙神——底比斯地區的守護神，傳達了他的意願，大祭司破解了神諭：讓哈特謝普蘇特王后即位為法老。

神諭中遺漏了一個問題：女王何時即位？任何人都不能反對這項神聖的法令，但是哈特

98 *Urkunden IV*, 59, 16-60, 4.

謝普蘇特似乎一點也不著急，因為她又等了五年才登上王位！當然，那些喜歡在王室耍弄手段的陰謀論者心想：看吧，她急切地要除去礙眼的圖特摩斯三世。然而，事實絕非如此！這就是古代埃及人的「邏輯」——與我們的邏輯非常不同。哈特謝普蘇特以國家利益為先，並不是不惜任何代價獲取世俗短暫的權力，而是出於對瑪阿特法則的遵守和對神諭的聽從而行事。圖特摩斯三世在之前被任命為法老，而他仍是法老；哈特謝普蘇特受益於阿蒙神的神諭，也成為法老。兩個統治重疊，兩位統治者多次聯手，沒有發生過衝突，也未引發部落戰爭。在我們看來，這簡直是超現實的局面，甚至無法理解，但事實就是如此。

王后登基為國王

在圖特摩斯三世統治的第七年，阿蒙神的神諭終於應驗，哈特謝普蘇特加冕為法老。自此，眼鏡蛇神（uræus）的圖騰點綴在她的前額上，代表要擊退一切與光明為敵的人，這是她的責任；同時戴起了假鬍鬚，這是創世主神阿圖姆遺留的象徵。

身為法老，她選擇的五項王銜宣告了她的統治「計劃」。身為光明之神之子，她仍是哈特謝普蘇特，但需要增加一個細節——「和阿蒙神合一的人」。身為上下埃及之王，她宣告：規則（瑪阿特法則）即是光明之神（拉）的力量（卡）。[99]

她選用的王銜意味深長：堅持和諧的規則——瑪阿特法則；強調創造力——卡；另一方面，如同拉神一樣，最原始的太陽射出的光芒會將哈特謝普蘇特變成「黃金王后」，正如接下來所描述的那樣，這個象徵性的形象將在埃及神話中假想的黃金國之旅中展現出來。

哈特謝普蘇特加冕的時候芳齡幾何？她是否美麗迷人、充滿誘惑力？我們無從得知，不過這些無關緊要，透過不朽的石刻雕像，我們能看到這位優雅的女法老，一張精緻無比的面龐、杏仁眼、鷹嘴鼻，薄薄的嘴唇微微彎起，勾出一抹微笑。

哈特謝普蘇特和其他的女性不一樣，是一位凡人與阿蒙神的結合，後者化身為圖特摩斯一世法老的模樣和王后結合，以孕育出這個女兒，並賜予她法老的職權。這種附身於法老的神話在哈特謝普蘇特神廟[100]的淺浮雕中極其委婉地展現出來，哈特謝普蘇特就此揭曉了她神聖

99 另外三個王銜：一是荷魯斯：「創造力之神」（ouseret kaou）；二是金荷魯斯神：「神聖顯現之名」（netert khâou）；三是兩位女神名（禿鷲神和眼鏡蛇神的名字）：「綠地時期」（ouadjet renpout）。

100 譯註：哈特謝普蘇特神廟兼作陵墓。

的出身。即將成為哈特謝普蘇特母親的王后——沉醉在國王身體散發的美妙氣味中，她陷入狂熱的愛戀。他難道沒有將邦特之地美妙的氣息全都散發出來嗎？神的露水均勻地灑在王后的軀體上，她生育了一個孩子，而神賜予了這個孩子創造力和一切統治者必備的品質。

諸多神祇守護著哈特謝普蘇特的誕生，使生產過程非常順利。哈托爾女神將嬰兒獻呈給阿蒙神，他一見到嬰兒就頓生歡喜。如同所有欣喜若狂的父親，他緊緊抱著她、親吻她，一直到該為她哺乳的時候——用聖牛的乳汁。聖牛是哈托爾女神的化身，使得哈特謝普蘇特往後將對她格外崇拜。哈托爾女神也當然會讓哈特謝普蘇特不斷每日新生，如同一顆嶄新的太陽。

還剩下最後一項任務：阿蒙神向上下埃及展示他的女兒，並賜予她將來合法的統治權。他告知人們要「愛戴她，信任她」。

哈特謝普蘇特成了法老王，同時既是女性也是男性，而且沒有結婚，因此沒有所謂「王夫」的存在。在哈特謝普蘇特的加冕儀式上，她有一個女兒出席，名為涅弗魯瑞（Néférourê）——這位「阿蒙神之妻」致力於宗教儀式和神職活動，遠離世俗的事務，即使她的母親殷切期望，她也無意繼承她的王權。

♀ 建築總管哈特謝普蘇特

依照父親阿蒙神的願望，哈特謝普蘇特應該「在全國範圍內行使王室的管理職能」，她的首要任務是維護神聖的建築和建造神廟。當年輕的圖特摩斯三世遠離眾人視線，還生活在王室的保護之下時，他們之間沒有衝突，哈特謝普蘇特能夠依靠忠誠又高效率的國家機構。

在主要的權貴們中，兼任阿蒙神的大祭司和首相的哈普－賽內布（Hapou-Séneb）扮演了不容忽視的角色。作為埃及九柱神奧祕的得道者，他在塵世間主持瑪阿特法則，身兼卡納克地區世俗與宗教事務的主管，時刻監督神廟的擴大與美化，並且是生活在「真理之地」中工匠團體的最高行政長官。工匠們奉命在河西岸一個出人意料的地方為法老挖掘陵墓，這就是未來聞名於世的「帝王谷」的雛形，哈特謝普蘇特開創了這一工程。

哈特謝普蘇特主要的合夥人名為森穆特（Sénenmout），意為「母親的兄弟」，他出生卑微卻有輝煌的職業生涯[101]。起初，他在部隊裡擔任軍官，成為法老「唯一的朋友」，這個頭銜已

101 參見P. F. Dorman, *The Monuments of Senenmut*, Londres-New York, Paul Kegan, 1988 ; *The Tombs of Senenmut*, San Antonio.

經表明他和法老的親密程度。在洞悉了阿蒙神的至高奧祕後，森穆特負責處理阿蒙神領地的行政事務，管理花園、田野、家畜群和糧倉。像我們說的那樣，他懂得保持沉默，而且為人公正，哈特謝普蘇特稱他為「教父」，換一種說法，任命他為她女兒涅弗魯瑞的家庭教師，負責她的教育[102]。不過，沒有證據證明他曾是女法老的情人。

森穆特最偉大的榮耀稱號是他作為建築師所從事的工作，他的團隊在包括赫爾蒙特和卡納克在內的各個工地展開活動，但他最偉大的作品就是哈特謝普蘇特神廟，是哈特謝普蘇特統治的生動象徵。

在兩座神廟[103]中，有一座神廟以天文學的藝術品為裝飾，讓森穆特的靈魂在無數星辰的陪伴下永生。這座神廟中還有一座巨大的石英石棺和無數以他為原型的雕像。很少有高級官員能享有這樣的尊榮，被人民如此銘記。人們對這位建築師如何離世一無所知，也沒有發現他的木乃伊；但他為女王設計的非凡神廟依舊矗立著。哈特謝普蘇特神廟的埃及語為 *Djéser*

102 一座雕滿人像的立方石展示了這樣一個場景，森穆特伴隨哈特謝普蘇特的女兒出現，他教導她。

103 一座在古爾納（Gournah，底比斯陵墓七十一號），另一座在哈特謝普蘇特神廟（Deir el-Bahari，三五三號）。

djésérou，意思是「眾神之神」[104]。用左塞爾法老的名字為它命名並非隨意，因為左塞爾法老和他被供養在神殿[105]中的建築總管印和闐聯手打造了薩卡拉的階梯金字塔，這是第一座由巨型石塊砌成的宏偉建築。

哈特謝普蘇特希望將她的政權與昔日榮耀連結在一起的決心沒有止步，她在位於平原上的神廟裡修建了鱗次櫛比的柱廊。神廟背靠著一處陡壁，這一靈感來源於中王國時期[106]建造的一座神殿，同樣充滿從王室先祖傳承下來的建築活力。

神廟完工時，哈特謝普蘇特舉辦了慶祝活動。這座神廟當時的外觀與如今的樣子有著天

104 有時候也譯作「奇蹟中的奇蹟」、「卓越中的卓越」，強調的是左塞爾「djéser」一詞代表的「神性」，它意味著一處不受外界打擾的地方。神祕的傳承儀式可以在不被世俗打擾的情況下完成。

105 在岩石中間挖掘出的一處神殿，供奉著兩位智者：印和闐，即左塞爾的建築總管；阿蒙霍普特，即哈普的兒子、新帝國法老阿蒙霍普特三世的建築總管。這兩位著名的智者被視為醫者，無數病人來到哈特謝普蘇特神廟朝聖，期望在兩位療癒者的幫助下恢復健康。

106 中王國時期最著名的法老之一，孟圖霍特普二世，意為「戰爭之神（montou）處在和平中」，他下令在與未來的哈特謝普蘇特神廟相鄰的平原上建造了一座需要爬過長坡才能進入的神廟。這座建築已經被損毀，但是它深深地影響了哈特謝普蘇特和森穆特，二人將這種建築形式發揚光大。此外，一處建築總管的刻意隱晦的肖像解釋了它的出處，如同為這座建築「署名」。

壞之別，一條拓寬的小徑，兩側座落著獅身人面像，通向一個標誌天國入口的塔門，那裡種滿了乳香樹。在奧祕傳承儀式進行時用於接引聖船的花園和池塘，為人們帶來了一股愜意的清涼。哈特謝普蘇特的致辭如下：

我為我的父親阿蒙神建造了紀念碑。他是全埃及王權的主宰。我建造這座巨大的永恆神廟，它的名字是「眾神之神」，用美麗、純白的完美圖拉石塊建成。從開工伊始，這座神廟就要奉獻給他。

這座「永恆神廟」有什麼用呢？首先，為了慶祝和她唯一的伴侶——阿蒙神的身心合一，哈特謝普蘇特在一間教堂進行了洞悉至高奧祕的歐西理斯神儀式，在那之後，胡狼首人身的阿努比斯神為她做嚮導——這個被星辰女神哈托爾哺育過的女王，從此獲得永生。[107]

107 在金字塔時代，永恆居所即金字塔自身，和用於供奉逝去帝王的卡的神殿之間有明確被認可的聯繫。新王國時期尊重並保留了這一設計，但拉長了二者之間的距離。一邊是哈特謝普蘇特復生神廟安穩地屹立在那裡，而懸崖的另一邊，如透明的螢幕一樣，在石塊中挖掘出了女王的陵寢，這是帝王谷迎來的第一位法老。

「河谷慶典」時期，阿蒙神參觀了河西岸的眾多神殿，並且在哈特謝普蘇特的居所休息了很久，她既是他的女兒，也是他的妻子。黃昏時分，夜幕低垂，火把的光束噴射而出，在陽世的人民和先祖共赴盛宴，不再有死亡。

在哈特謝普蘇特神廟[108]神殿的內壁上，哈特謝普蘇特命人刻下了以上這些她認為重要、並希望永恆地傳承給後代的事件。我們已藉此了解女王神聖的出生和她加冕成為法老的過程，現在將聚焦於她的一段異鄉探險。

☥ 尋覓黃金國，對邦特之地的一次探險

邦特之地，這個奇幻之國，這個自古王國時期起就存在的城池究竟在哪裡？數不清的人

108 哈特謝普蘇特神廟是完全屬於哈特謝普蘇特的獨一無二的神廟。她沒有忽略埃及其他國土，同時在其他地區大興土木，如在底比斯地區以她名字建造和修復的神廟位於赫爾蒙迪斯（Hermonthis）、康翁波（Kom Ombo）、埃爾卡伯（El-kab）、埃勒方江（Elephantine）、庫塞（Cusae）和赫爾莫波利斯城（Hermopolis）。

為此耗盡了筆墨[109]，想一探究竟。但是古埃及人對此興致不高，對他們來說，這傳說中的神奇之地僅是孕育了一項舉行聖典時不可或缺的珍寶——乳香，它「讓人如入神境」。

如果說眾多法老曾提到邦特之地，哈特謝普蘇特神廟中的記載絕對是最完善的，這不是一個巧合，我們接下來就會說明。

計劃一次探險並不是這位統治者的突發奇想，事實上，她服從她的丈夫阿蒙神的指令：在神廟中建立邦特之地，在花園神殿的聖所中，每一邊都種下神之國度的樹木。

掌管君王璽印的內西斯（Néhési）是探險隊伍的指揮官，女王至少派出了五艘船。風平浪靜地航行一段時間之後，埃及人發現了一處天堂般的樂土，生長著不同種類的棕櫚樹，還有讓他們欣喜若狂的乳香樹。住在茅草屋中的邦特人熱情地接待了這群埃及人，尤其是後者為他們帶來了食物和珠寶作為禮物。如同絕大多數臣民一樣，邦特城的君主帕拉胡（Pa-Rahou）留著尖尖的鬍子，體型瘦削。他的妻子伊蒂（Ity）則不太符合埃及人的審美標準，身材因肥胖

109 在展開討論前，目前認定邦特之地位於紅海南部的某個地區，在衣索比亞或阿拉伯地區的海岸邊，但埃及的文獻中並沒有記載它的具體位置，而且邦特之地不僅只是埃及人通過水路到達的目的地，也是他們到達天上的必經之地。邦特之地因其神祕傳說而更負盛名，從那裡帶回來的物品被敬獻給神廟。

而變形，她是一個女孩和兩個男孩的母親。

誰統治這個奇妙的國度呢？是身為天神和愛神的哈托爾。邦特人也供奉阿蒙神，並塑造阿蒙神雕像，展現阿蒙神前來與哈托爾女神會面的場景。幸福的時刻交織在一起，成為舉辦一場盛宴的理由。葡萄酒和啤酒在流淌，取之不竭；在盛宴結束之際，一座代表阿蒙神和哈特謝普蘇特的神像被安置在村落的中央，這個地方變成了神址，由人守護。

內西斯踏上了歸程，埃及人的船上滿載珍貴的木材、成袋的香料、銻石、象牙和其他充滿異域風情的產品，但最重要的是那些根部裹在潮濕席子裡的、被當作無價之寶的乳香樹。

迎接凱旋者的是歡騰的民眾，作為對她赤膽忠心的感謝，內西斯收到了極大的回報——四條黃金項鍊。哈特謝普蘇特達成了阿蒙神的願望，她親自將乳香樹種在了哈特謝普蘇特神廟裡。

在這裡不能錯過一個非凡場景：托特神和塞莎特女神現身，列出邦特城珍寶的清單。哈特謝普蘇特用一個薄薄的金斗，親自稱量乳香。

在這個神聖的時刻，一項煉金術大功告成。哈特謝普蘇特輕柔地塗抹著讓她化神的香膏。美妙的氣息漸漸四散開來，不要忘記人們透過身後的香氣能感知法老的到來。一項驚人的變化發生了：哈特謝普蘇特身體的顏色變為金黃色，她如繁星般閃耀。哈特謝普蘇特不再是一位凡人，而是一位黃金王后、黃金哈托爾女神和宇宙統治者在人間活著的化身。

☥ 哈特謝普蘇特的戰爭？

哈特謝普蘇特沒有發動過大規模的戰爭，但她並非天真的和平主義者。她對埃及的敵人時刻保持警戒，當中最首要的就是努比亞人的部落。在統治埃及的第十二年，哈特謝普蘇特發動了一場軍事行動，消滅了幾個叛亂者。她在祭典儀式上強調自己曾經戰勝一直虎視眈眈的利比亞人和敘利亞人。哈特謝普蘇特被描繪為獅子或獅鷲[110]的形象，能夠碾壓一切敵視瑪阿特女神、宣揚黑暗的敵人。在傳統圖像中，法老哈特謝普蘇特將「九把弓」踩在腳下，這九把弓代表所有與光明為敵的人。

阿爾忒彌斯神廟是一處引人矚目的埃及中期遺址，位於貝尼哈桑陵墓附近。這處遺址也

110 編按：即格里芬獸（Griffin），一種鷹頭獅身、有翅的怪獸，流行於西亞至地中海一帶的傳說生物，被喻為強壯無比的神獸。

展現了哈特謝普蘇特的威嚴和精神面貌。

從這裡的岩石中挖掘出一處獻給帕赫特（Pakhet）的神殿。帕赫特是一位令人生畏的母獅女神，她的爪子和尖牙能撕裂任何侵略者的骨頭。哈特謝普蘇特向帕赫特敬獻了雕像、金、銀、織物、餐具和銅鑄的金合歡門，將此處聖地與世隔離。

她為什麼會如此尊敬這位母獅神呢？一個古老傳說證明了這處聖地曾被野蠻的西克索人侵占。無視時間順序和歷史事實，哈特謝普蘇特宣稱自己接受了母獅神的強大力量，才能親自驅逐入侵者，解救了國家。當類似西克索等「邪惡又無視光明的人」入侵時，這處「河谷之神的神殿」就成了古埃及人的庇護所。

哈特謝普蘇特說：我時刻想著未來，法老的心必須面向永恆，我已榮耀了瑪阿特女神，她與我同在。

這句簡短而富有啟發性的發言，表明法老對自己的職責和信仰同樣關注。

☥ 方尖碑與復生慶典

哈特謝普蘇特下令在底比斯河西岸建造神廟的同時，並沒有忽視美化河東岸阿蒙神的聖地——卡納克神廟。她在此地命人用紅色石英石建造了一座令人稱讚的神殿，命名為「阿蒙神的心臟之地」。聖典儀式的莊嚴畫面點綴此地，意義深遠，尤其反映了哈特謝普蘇特作為建築總管的才華。

女王一心想要隆重紀念的是修建四座方尖碑的過程，這段過程記載於哈特謝普蘇特神廟的浮雕上，其中兩座方尖碑建於她統治初期，另外兩座分別建於她統治的第十五年和第十六年。

這些巨型的如方針尖般的石柱有何用途？它是為了刺穿天空，將其正面的能量吸引到神廟裡來，消除一切負面的影響。

在亞斯文採石場經過千錘百煉後，哈特謝普蘇特的巨石柱方尖碑狀似渾然一體，高達二十九公尺，每一座都重約三百五十噸！當時為了運輸這些龐然大物而建造的平地駁船和運用的運輸技術讓人嘆為觀止！

在船隻抵達卡納克港口時，「天上的神祇也在慶祝，整個埃及一片歡騰」，小號樂手和鈴鼓手們奏響了樂曲，歡迎方尖碑入城，石碑閃爍著光芒，尖頂部分覆蓋了一層金銀混合物。

而哈特謝普蘇特則發表了如下宣言：

我自始至終抱著一顆敬愛我的父親阿蒙神的心，終於完成了這項巨大工程；我被賦予了他出生的奧祕，受益於他至善力量的教育，我從未忘記他的命令。作為君主，我知曉他的神性，服從於他的命令。他是我的嚮導，一直為我指引方向，我從未背離過他的意願。我沒有停歇，始終關切著他的神廟，從未違背他的需求。在他身前，我一片赤子之心，因此領會到他心中隱祕計劃的核心。我沒有背棄這座城全知全能的主人，而是與他面面相對。我知曉，卡納克神廟是塵世的一束光，是一處被敬仰的生命之源，是世界全知全能之主那神聖的眼，是他最愛的地方，如他一樣完美。[111]

哈特謝普蘇特的最後兩座方尖碑屹立在卡納克神廟中一處特別的地方，這裡立滿了石柱，

111 哈特謝普蘇特時而以男性自稱，時而以女性自稱，這表明身為法老，她是男女同體的，一個人就可以代表王室夫婦的統一體。

有「綠地」之稱，她可能在這裡舉行了復生典禮，她需要重新獲得能量，繼續統治埃及。

♀ 隱晦的結局

哈特謝普蘇特的統治到底持續了多久？大概二十多年。在西奈哈托爾神廟矗立的一方石碑上，她與圖特摩斯三世的形象一起被雕刻於石碑上。此後，並沒有考古方面的確切證據，也沒有任何人提及這位女君主是何時去世的。

哈特謝普蘇特的木乃伊安置在帝王谷深達九十七公尺的陵墓內，是這處由她揭幕的、獨一無二的遺址中的首個陵墓。沿著一道長達一百二十五公尺的半圓形通道，這條連結彼世的道路通向一個地下墓穴，放置著哈特謝普蘇特及其父親圖特摩斯一世的石棺。

新王國時期的諸多王室木乃伊經挖掘出土，但是因為尚無確鑿的證據，近期發現的哈特謝普蘇特的木乃伊，身分仍然存疑，所有的推測都未經證實。

哈特謝普蘇特消失了。圖特摩斯三世，這位已經繼位很久的法老，確保了權力的延續性。沒有分裂、矛盾與衝突，法老機構繼續正常運作。

哈特謝普蘇特去世後的二十多年，她的一些雕像遭到損毀，或者給抹去名字，但還是有遺跡保存下來，且為數不少。在哈特謝普蘇特神廟的柱廊上，鐫刻著邦特之地的遠行紀錄，在其中，我們能看到女君主的「卡」絲毫無損。

chapter

26

擁有水之魅力的愛人

這個出自尼菲爾—霍特普陵墓中的女性獨一無二、舉世無雙，堪比新歲伊始的星辰。她的優雅光芒四射，她的肌膚閃耀著光澤，她的目光清澈透亮，她的唇瓣溫柔似水，她的嘴唇好似一朵花蕾，她的秀髮閃爍著寶石般的光芒，她的乳房像愛情的果實，她的手形如同蓮花的萼葉。這位新王國時期的寵兒，美豔不可方物，步態雍容，香氣繚繞，身穿透明的細亞麻長裙，修長曲線若隱若現，讓人浮想聯翩。

正是在這一時期，埃及開始出現「情歌」。女性被認為是愛神哈托爾的女兒，情歌極力讚美女性的魅力，描述她們墜入愛河後的激動與煎熬。

千萬別忘記，戀愛中的埃及女人就像一個魔法師，善於利用香脂與香氛攫取男人的心，讓他沉迷於她芬芳的長髮中不能自拔。當她款款走來，臂彎中滿是獻給愛神哈托爾的鱷梨樹枝葉，有誰能抵擋這種誘惑呢？

但是，她也懂得順從，坦言自己並沒有設計愛情陷阱。她認為自己同樣是愛情的俘虜，無所謂誘惑的手段，同樣能感受到熾熱的愛情。她以令人感動的純真態度表明：「當我的心和你的心融為一體時，我們離幸福很近。」此情此景之下，他只想對她喃喃說出一連串形容愛人的暱稱：白鴿、燕子、羚羊、貓咪。[112]

在有關女性的文字描述和舞臺表演中，與愛情有關的回憶總是與傾國傾城的美貌和風姿綽約的舉止緊密相連。某些場景成為情侶們鍾愛的約會聖地，尤其是花色荼蘼的園林，懸鈴木下或是垂柳蔭裡，石榴樹邊或無花果樹旁，愛情帶來極致的柔情和愉悅。

在愛情中，水通常具有決定性的作用。儘管戀愛中的女人清楚水中潛藏的危險，卻可以念出有魔力的咒語化險為夷。這些蘊含「水之魅力」的咒語能驅逐可怕的鱷魚，鱷魚又被看作誘拐女性的化身。在紙莎草叢間泛舟水上，女人在愛神哈托爾的護佑下享受一次美妙而靜謐的划船之旅，多麼令人身心愉悅！

接下來是沐浴的美妙時光。女人輕解羅衫，赤裸的胴體滑進蕩漾的碧波裡，她敦促著她的愛人：「來啊，看著我！」他們交纏在一起，完全不在乎周圍的蓮花和游魚。他們全心投入

112「我的長尾猴」、「我的青蛙」、「我的河馬」之類的暱稱聽起來令人稱奇，但仍可以讓我們聯想到一些象徵繁殖能力的圖騰形象。

歡愉的嬉戲，留下溫柔如水、美妙絕倫的回憶。[113]

根據《夢的鑰匙》（*Clef des Songes*）書中所提，夢中與配偶共享魚水之歡是一個吉祥的徵兆，預示著有好事情發生。

愛情的力量無與倫比，然而，我們無法在幻想中自欺欺人。智者曾說過，女人的狡猾可能是一種可怕的危險。正如智者普塔霍特普[114]所觀察到的：

如果你希望在所處的環境長久地維繫友好的人際關係，或是在任何你熟悉的場所與人相處得如同兄弟和朋友，那麼你必須在接觸女性、甚至觸碰她們時十分小心謹慎。無論多麼謹小慎微都不算過分！成千上萬的男人自甘落入溫柔的陷阱，僅僅為了一時歡愉。當夢幻破滅時，剩下的只有不幸！為女色所迷且執迷不悟者必

113 在古埃及，沒有諸多禁忌。女性無須佩戴面紗。農民有時會赤身露體在田間勞作。美麗女子的衣裙是透明的。無論是男性的還是女性的生殖器官都呈現於象形文字中。在都靈博物館有一件藏品——一幅莎草紙製作的情色畫。這幅畫描繪了露骨的場面，表現的是一家酒館的女招待們向一些低階層的客人提供服務的場景。

114 第十八條箴言。

將一事無成。

普塔霍特普認為，一個可愛的女人可以帶來平凡的幸福。他告誡世人要遠離那些年輕女子，因為她們對性的渴望永遠得不到滿足。同時期的一位社會觀察家智者阿尼指出，一個穩重的男人會和他生活環境範圍內名聲不好的女人保持距離。此類預防措施十分必要，因為誘惑人心的女子就像深不可測的水，蘊藏著致命漩渦，莽撞冒失的男人很可能會溺斃其中。

然而，還有為數眾多的愛情故事並沒有以這種悲劇性的結局收場。恰恰相反，他們達到深刻而穩定的結合——圓滿的婚姻關係成為愛情的彼岸。法老時代的古埃及人從未停止過讚美女性伴侶所具備的種種美德。

chapter

27

相伴永生的妻子

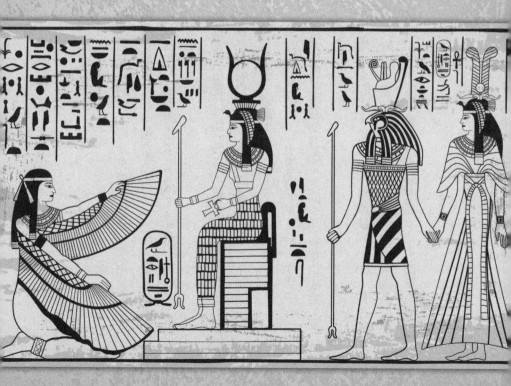

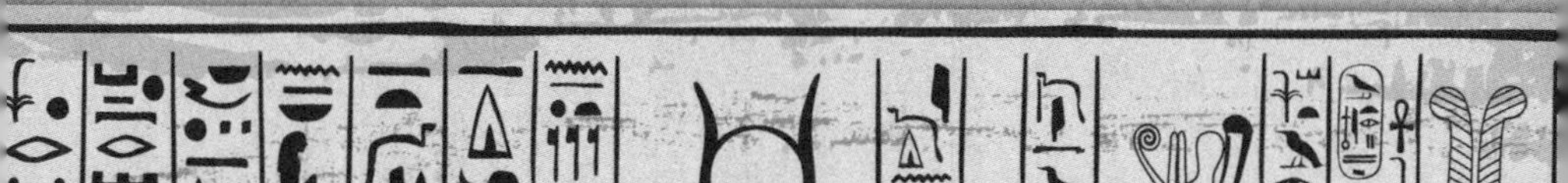

在法老時代的社會中，儘管婚禮並不是一種宗教儀式，但是夫妻關係是一個重要的基本價值觀，這不僅是因為女性能夠生育。愛情將一個男人和一個女人連結在一起，這本身就值得稱頌。女人成為妻子後，受人敬重並成為「受丈夫敬重的伴侶」、「受人愛戴的姊妹」、「生活閱歷豐富的有福之人」。

從古老的王朝開始，一個好丈夫會遵從智者普塔霍特普的教誨，給予妻子熱烈的愛，保障她生活無憂，令她感到幸福快樂。另一位智者阿尼也強調，不可對妻子糾纏，令她膩煩。家務勞動也具有重要意義，在妻子完成家務時丈夫應不吝讚美。

有一句箴言這樣形容：「當她執汝之手，一切吉祥如意。」夫妻的形象在許多雕塑中有所呈現：妻子依偎著自己的丈夫，並呈現出一種溫柔而受呵護的姿態，她的手放在伴侶的肩上，象徵著女神伊西絲的法力及愛神哈托爾的深情。

在當今這個時代，忠誠已然貶值，但在古埃及人眼中，忠誠是不可或缺的品德。對伴侶不忠，即為欺騙，違背了瑪阿特法則。結為夫婦的承諾一旦說出口，就不可收回；通姦被視為嚴重的罪行；丈夫對妻子的暴力傷害也是有罪的，而且會受到嚴厲懲戒；丈夫拋棄不能生育或患病的妻子同樣不合法。

普塔霍特普指出：「當你娶了一個妻子，她發自內心地感到快樂，那麼她將引領你進入平衡的狀態。[115]」丈夫喜歡聽妻子唱歌或演奏音樂，在繁花盛開的花園裡，他們雙雙坐在棕櫚樹下，感到歡欣滿足。他們共同注視著祭臺，上頭供奉著天上與凡間的美味佳餚。

關於緊密連結夫妻之間的愛情，埃及文字中有一段最動人的描述，「母親」女神穆特（Mout）的一位女使命人將這段文字鐫刻在一座塑像上。

> 我們渴望安息於一處，神不會將我們分開。正如你親眼所見，我絕不會棄你而去。每一天，我們相依而坐，平和安詳，任何邪惡都無法近身。我們一同進入永恆天國，我們的名字將不會被遺忘。當太陽的光芒永遠地照耀你我，那將是不可思議的美妙時刻。

115 第三十七條箴言。

chapter

28

永享尊榮的母親

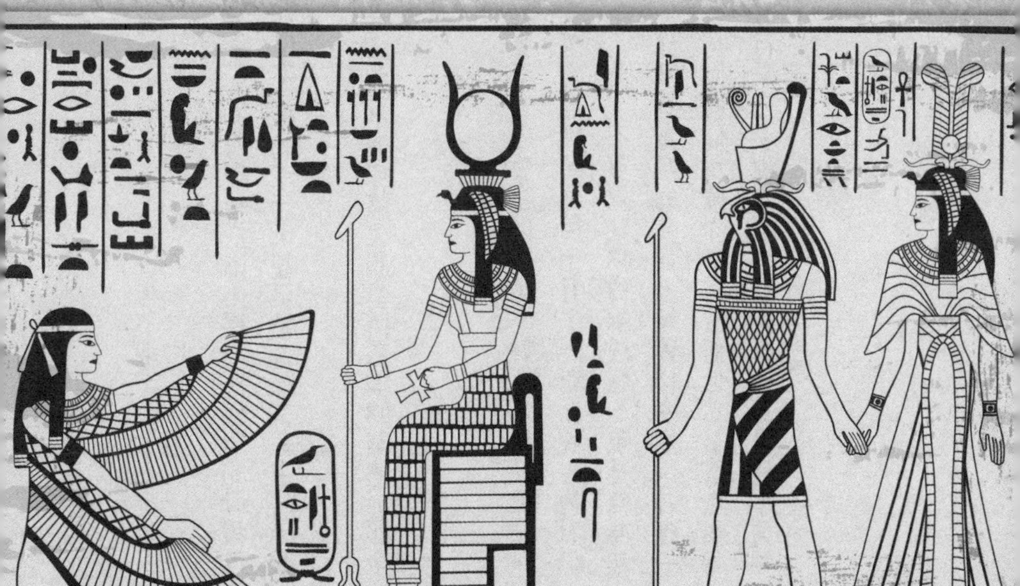

在古埃及，母親是一個中心人物。無論是神聖的母親哈托爾，還是荷魯斯的母親及法老制度的保護神伊西絲，又或者是負責行使並傳承王權的王后，甚至是普通家庭中的母親，所有母親都受到尊敬與愛戴。

阿尼被視為善於總結醒世真言的神學家，他篤定地呼籲人們堅持基本的美德，即全心全意地尊敬母親：

你的母親給予你的，你應雙倍奉還，就像她曾經養育你那樣。對她來說，你是一個重擔，讓她感到疲憊，但她從未因此忽視過你。懷胎十月，一朝分娩，她對你的關切從未停歇；她用乳汁哺育你三年之久；不曾嫌棄你的排泄物；總是無時無刻殫精竭慮地照顧你；她送你去上學；你學習寫字的時候，她伴你左右，日復一日，為你送上食物和飲品。你須牢記，是你的母親帶你來到這個世界，悉心撫養你長大。你理應小心謹慎，不讓你的言行舉止受她責備，或是令她高舉雙手向神靈抱怨你。[116]

一些重要人物自豪地宣稱自己是「某人（母親名）的兒子」，而不是提及他們父親，但我們不能就此推斷古埃及是一個母系社會；這不過是反應了他們對母親角色的認可：從分娩生育到保護子女不受邪惡力量侵害，同時也負擔起對孩子的各種教育工作。

一個埃及母親不會願意和自己剛降生的孩子分開，除非在必要的情況下，她才會把孩子託付給保母。在市場上，母親把孩子用布背帶縛在身前、身側或抱在手上。和其他服裝一樣，嬰兒背帶也是亞麻質地的，以保證嬰兒感到舒適。

每個孩子都應受到庇佑，以免受到遊蕩的惡魔和疾病的侵害。這就是為什麼母親會為自己的孩子在脖頸上繫一個護身符，它本身不值錢。例如，一顆藍色的綠松石，卻可以讓孩子免於惡魔之眼的窺伺。

女孩的教育同樣受到重視。在男孩眼中，女孩從很小的時候就要學習尊敬瑪阿特女神，只說真話，不撒謊，更不能故意欺騙他人。

116 第三十八條箴言。

在埃及人眼中，孩子的特徵就是不懂得感恩，因此孩子被比喻為彎曲的木材，教育者應該懂得如何「加工」，以使這個孩子成為一個品行端正之人。埃及人不喜歡「小皇帝」似的孩子或是幼稚的家長。

在鄉村的學校裡，女孩和男孩一樣接受基礎教育。那些希望繼續接受「高等教育」的女孩，可以申請由神廟提供的課程。孩子們不僅學習知識，也不忘玩耍嬉戲。在這方面，女孩絕不比男孩差！集體遊戲、體操、跳舞、游泳、柔道、雜耍……類似的活動種類繁多。

我們可以發現，雖然女性可以參與所有活動，但其中兩種活動最受青睞：編織及音樂。編織和女神奈特息息相關，後者用語言「編織」了整個宇宙。音樂與女神哈托爾有關，她是「和聲之后」。在一些神廟的牆壁上可以看見許多女子樂團的形象。

可以說，沒有一位盡心盡力的母親，成功與幸福皆無從談起。無論是女孩還是男孩，都應聽從智者的建議，承認母親付出的辛勞及心血。如此，在母親進入天國之後，她仍然會繼續以福澤護佑自己的子女。

chapter

29

百萬年王后

如果說，埃及有一位法老沒得到應有的重視，但他卻可躋身埃及最偉大的君主之列，那就是圖特摩斯三世。我們曾經提過他的青少年時期，當時埃及正處於哈特謝普蘇特的統治之下。這位君主即位時非常年輕，被視為「埃及的拿破崙」，因為他為了保護埃及疆域的和平，曾多次進行軍事遠征。後人總是極力渲染他性格中好鬥喜戰的一面，其實他在位時真正的衝突極為罕見，大多數的遠征活動只是為了彰顯實力、維護秩序，而並非流血衝突。此外，圖特摩斯三世還利用遠征之旅的機會研究動物學和植物學。他尤其著迷於動植物千奇百怪的形態，並在卡納克神廟一個小禮拜堂的浮雕中描繪了這些動植物，埃及學家稱之為「植物園」。

在漫長且和平富足的統治期間，圖特摩斯三世不但完成了眾多功業，還是一位偉大的建設者，例如他建造了位於卡納克神廟的「阿克門努慶典廳」（Akh-menou），堪稱建築傑作。在這裡，神職人員是洞悉至高奧祕的人。這位君主參考了埃及的古老文獻，主要是《金字塔銘文》（*Textes des Pyramides*），在他位於帝王谷陵墓的內壁上記錄了王族靈魂經過特定儀式復活的過程。這在《密室錄》（又名《阿姆杜亞特之書》〔*L'Amdouat*〕）中也有相關記載。

圖特摩斯三世的第一任王后名叫薩蒂阿赫（Satiah），也是一位不同凡響的人物[117]。同樣地，歷史上沒有關於她的任何軼聞趣事，而是強調埃及人最為看重的：她在宗教儀式方面扮演的重要角色。光這點就凌駕了一切，因為薩蒂阿赫王后——偉大的創造女神奈特眷顧之人——負責主持眾多儀式。此外，她在卡納克神廟的阿克門努慶典廳，透過儀式而洞悉奧祕，從而有能力以「王的母親」和「王的妻子」這樣絕對的身分，護佑著法老的地位與職責，並為法老注入他必需的能量，以支持他維繫神靈與人民之間的連結。在這種情況下，她確保了神廟的完整性——那裡庇佑著王室的「卡」，亦即創造的力量。

在離底比斯不遠的陶德（Tôd），有一個名不見經傳的地方，這裡佇立著許多神廟，在其中一座神廟裡，保存著一座精美的薩蒂阿赫王后雕像。

經過三十餘年的統治，法老從精神到肉體上的活力都消耗殆盡。因此，舉行重生的儀式[118]

117 參見 F. Maruéjol, *Thoutmosis III*, Paris, Pygmalion, 2007, pp. 101-102.
118 這並不是一項教條的法律，有些法老出於多方面的考慮，認為有必要提前舉行這一儀式。

變得尤為重要。這種慶典儀式被稱為賽德節[119]，在儀式中，所有神靈齊聚一堂，為國王注入新的活力。此時法老會穿著一件非常特殊的白色長袍，讓人聯想到歐西理斯的裹屍布和死而復生的經歷。

薩蒂阿赫的雕像是獨一無二的，如同其他王后一樣，她的頭上裝飾著哈托爾式的假髮，據我們所知，她的雕像是唯一穿著賽德節白色長袍的人形雕像！

換言之，這位王后和國王一樣親歷了重生儀式。她藉職務之便，以積極主動的姿態參與這種儀式，也許未來的考古發現能提供更多佐證吧。

119「賽德」一詞很可能和公牛的尾巴有關，代表著創世主的力量（卡）。用於舉辦賽德節的建築中，位於薩卡拉的左塞爾神廟堪為典範。

chapter

30

侍奉神靈的女性

當我們在時間的長河中穿梭，會發現埃及的王后擁有陪同國王執政的重要地位，然而王后的權力不僅限於世俗範疇，同時也是履行宗教職能機構的首腦。

事實上，在古埃及，王后負責管理神廟中洞悉神之奧祕的女祭司們。得益於大量內容精采的文字資料，我們對此類宗教儀式有了基本了解。這些女祭司追隨著神的足跡，她們的重要使命是解讀神諭、詮釋神話故事，並將聚集在神殿內的天界能量帶到人間，這種能量對於維持國家和諧、造福人民不可或缺。

女祭司們又被稱為「赫內羅」（*Khenerout*），通常可譯為「女隱士」。實際上，她們並非與世隔絕，這些擔任神職的女人是社會中的少數人，但她們依然可以結婚生子。

在圖特摩斯三世時期，國王熱衷於進行深入的靈修，因此女隱士很受尊崇。胡伊（Houy）夫人[120]端坐於寶座的雕像就是一個例證。祭司們致力於研究創世主和光明之神的奧祕。在慶祝神界和凡間的各種節日中，胡伊的靈魂「卡」總能享有豐富的祭品。

這些女子的日常生活是怎樣的呢？清晨，她們沐浴、淨身、焚香，繚繞的香煙將她們從

120 大英博物館，編號1280。

世俗世界過渡到神聖之境。接下來是穿衣打扮：穿上長及腳踝的緊身長裙，把有吊帶的短纏腰布交叉於胸前，並佩戴腰帶、手鐲及腳環。

隨後要舉行喚醒神靈力量的儀式。沐浴更衣後的女祭司在神廟中自由行動，並有權出入最隱祕的神殿。作為在金字塔時代意義非凡的「金合歡聖所」[121]的傳人，新王國時期的祭司們依然沿襲傳統，管理著賜予她們的神廟聖所，並參與歐西理斯復活儀式。每天早上，法老都會打開內中堂的大門，慶祝歐西理斯的復活。

只有特殊的群體才有權參與制度森嚴的埃及神廟生活，從國王夫婦到占星術士，其中也包括管理神廟聖物的神職人員。如果沒有這些能量交換之所和神靈聚集之地，整個社會就會分崩離析。女隱士既是自由女性的代表，可以按照自己的意願選擇命運；也是國家機構的一分子，致力維護危機重重大環境下的社會和諧。

121 E. Edel, *Das Akazienhaus und seine Rolle in den Begrabnisriten des alten gypteus*, Berlin, B. Hessling, 1970.

chapter

31

理髮師的侄女

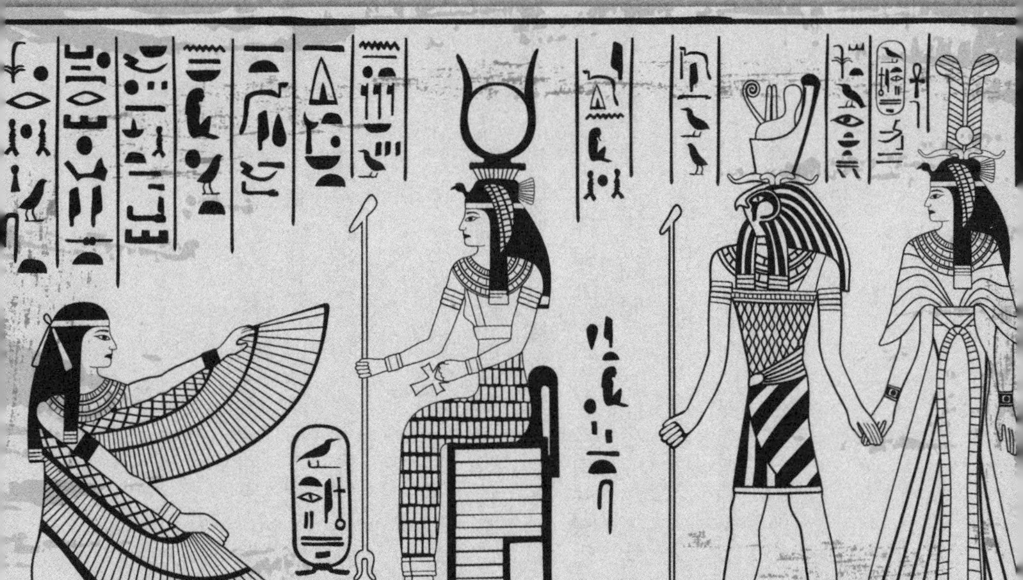

新王國時期的所有法老都被一個噩夢所困擾：西克索人的入侵以及隨之而來的占領行動。為了避免新的禍患，圖特摩斯三世親自統領軍隊，穿越敘利亞－巴勒斯坦走廊，擊敗了來自亞洲的新敵人，令即將發生的災禍消弭於無形。他的行動獲致成功，這導致許多戰俘來到埃及，被迫從事公共勞役。

然而，我們相信這種刑罰並不是非常繁重，戰俘們在埃及生活得相當舒適。因為大多數的外國戰俘在勞役期滿後決定留下來定居，從此遵守法老制國家的價值理念，改名換姓，徹底融入當地居民中。故而，並不是埃及迎合了他們，而是他們適應了埃及。

但是，在圖特摩斯三世即位的第二十七年，一位國王的理髮師卻對一名外國俘虜起了戒心。這位理髮師名叫薩芭絲特（Sa-Bastet），意為「貓女神芭絲特的兒子」。他在成為宮廷理髮師之前曾是一名士兵，在一次軍事遠征中，因為對敘利亞人和巴基斯坦人瞭若指掌，善於作戰，所以英勇地履行了一個士兵的職責[122]。在一次戰役結束之後，他的傑出表現得到褒獎——他抓到了一名俘虜並且自豪地宣布：「我在陪同法老出征時親手抓住了這個俘虜，他既沒有受

122 關於本章，參見 *Urkunden IV*, 1369, pp. 4-16.

到鞭打，也沒有遭受囚禁。」

這名被優待的俘虜命運如何呢？他成為薩芭絲特的僕從，而不是奴隸。由於薩芭絲特在戰役中的傑出表現，他被委任了一個重要職位：擔任宮廷理髮師，為國王和顯貴刮鬍子，這可是很了不起的工作！他很開心！一份類似的工作可以換來富足的生活和他人的尊重。何況薩芭絲特還希望他的侄女塔－卡美奈特（Ta-Kaménet）能有一樁美滿的婚事，比如和宮廷裡某位受人尊敬的人結婚。

然而，一件意想不到的事發生了。他的侄女對他直言不諱地提出，她愛上了那個外國僕從，希望和他一起生活！當然，那個男人得要放棄他的原名，改名為阿梅尼烏（Améniou），以致敬阿蒙神。但他既沒財產、也沒前途。我們可以想像理髮師薩芭絲特的失望與擔憂，他試圖說服他的侄女放棄這個令人沮喪的決定，卻徒勞無功。

可是，我們是在埃及。在那個國度裡，女人可以嫁給自己中意的人。無論多麼惱怒，薩芭絲特最終還是讓步了。然而他太寵愛這個侄女，於是下定決心要為她的幸福做些貢獻。既然僕從阿梅尼烏一無所有，那只有一個解決方式：讓他富有起來。理髮師草擬了一份文件，找來證人，以不容置疑的方式將自己的部分財產贈予這名僕從。

回想起被俘的那天，阿梅尼烏完全不必為自己成為俘虜而感到遺憾！他擁有了新名字，開始了新生活，這都歸功於一個女人行使了她的權利，並享有在敘利亞和巴勒斯坦都不存在的自由。為了自己的顏面，理髮師薩芭絲特還宣稱：「我只是把塔－卡美奈特交給了阿梅尼烏，他離開我家時什麼都沒拿走。」這樁婚事看起來牢不可破，薩芭絲特甚至計劃把自己前途無量的職業傳承給侄女選中的丈夫。這個男人因為妻子的果敢決斷而擁有了財富與幸福。

chapter

32

護佑眾生的女先知

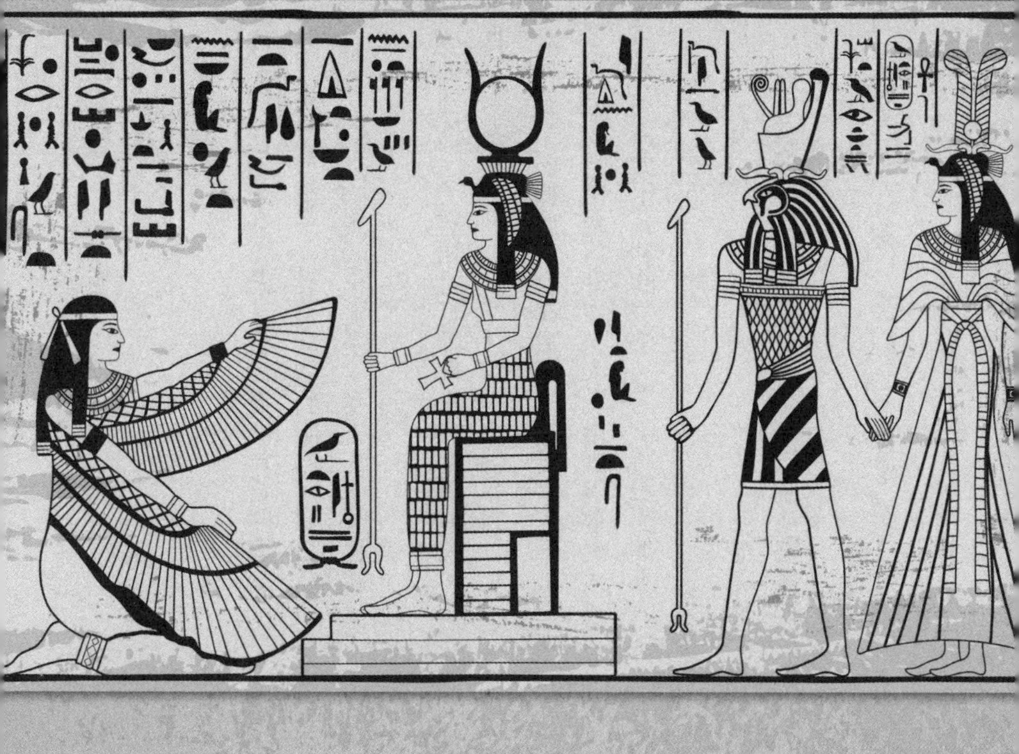

位於底比斯西岸的德爾埃勒－梅迪納赫村裡，居住著一些工匠，他們專門負責開鑿和完備帝王谷的陵墓群。他們和自己的家眷生活在此，並有權享受一位女先知[123]的服務。「女先知」也可稱為「女智者」，她既是占卜師，也是一位醫者，已經確認的事實是，女先知同時也會往來於其他村落。

女先知是傳統的守護者，既能驅散黑暗、分辨真偽，又熟知所有創世主的神話傳說，並透過口耳相傳使其延續。此外，她還承擔了其他一些使命。

女先知要為新生兒命名，她會感知到孩子的特質，並據此來選擇名字。這是女先知最基本的工作，因為名字是一個人重要的組成部分，在古埃及宗教信仰中，人死後靈魂會進入另一個世界，在那裡接受歐西理斯的審判，如果歐西理斯做出有利的裁決，名字將跟隨他進入另一個世界。

這個世界充滿危險，因此女先知永遠不會失業，她可以在很多方面給予忠告。當她為病人看診時，首要之務就是評估病人生理及心理的健康狀況，判斷正氣是不是能壓制並驅逐邪

123 參見D. Karl, *SAK 28*, 2000, pp. 131-160. 這個智慧而仁慈的女人自稱為「塔・萊赫特（ta rekhet）」，意思是「女智者」。

氣。[124]

女先知會確保北方和南方的神靈都不會對她的病人不利；得到這些神靈的支持之後，她就可以對抗所謂的「惡魔」，也就是各種形式的侵犯者和破壞者——不論是病厄的媒介，還是邪惡的個體。

為了避免諸多不幸降臨，女先知會建議人們佩戴護身符或隨身攜帶一個蠟封的莎草紙卷軸——裡面寫有避邪的咒語——以避免各種不幸降臨自身；女先知熟習神祇的語言，並且明智、恰當地運用這些有神力的語言。作為醫者，她的處置先於醫生的治療措施，並彌補後者的不足。多虧有她，人們許多健康問題得以迎刃而解。

古埃及人日常中的兩種危險動物是蠍子和蛇，這兩種動物以及牠們的毒性被詳細地記錄在書中，雖然有些毒素並不會致命。在遇到被蜇傷或被咬傷的患者時，女先知會同時使用醫術及巫術治療他們，村民們因此可以安然脫險。

女先知也醫治動物，例如很多家庭豢養的貓、狗以及驢等其他牲畜。她向一條善良的雌

124 KMT 4/2, 1993, p. 25.

性眼鏡蛇[125]祈求護佑，後者能保佑人們五穀豐登。

在出門遠行之前，人們會告訴女先知，請她保佑一路平安；在丟失物品的情況下，人們也會向她尋求幫助。

當我們陳述這些豐富多樣且具實用性的職能時，可以發現，女先知在一個村莊的日常生活中扮演著核心的角色，其功能不僅限於世俗層面；而且有了她，普通人與神的世界就有了聯繫。

125 它是列涅努忒女神（Renenoutet）的化身。

chapter

33

王后的湖泊

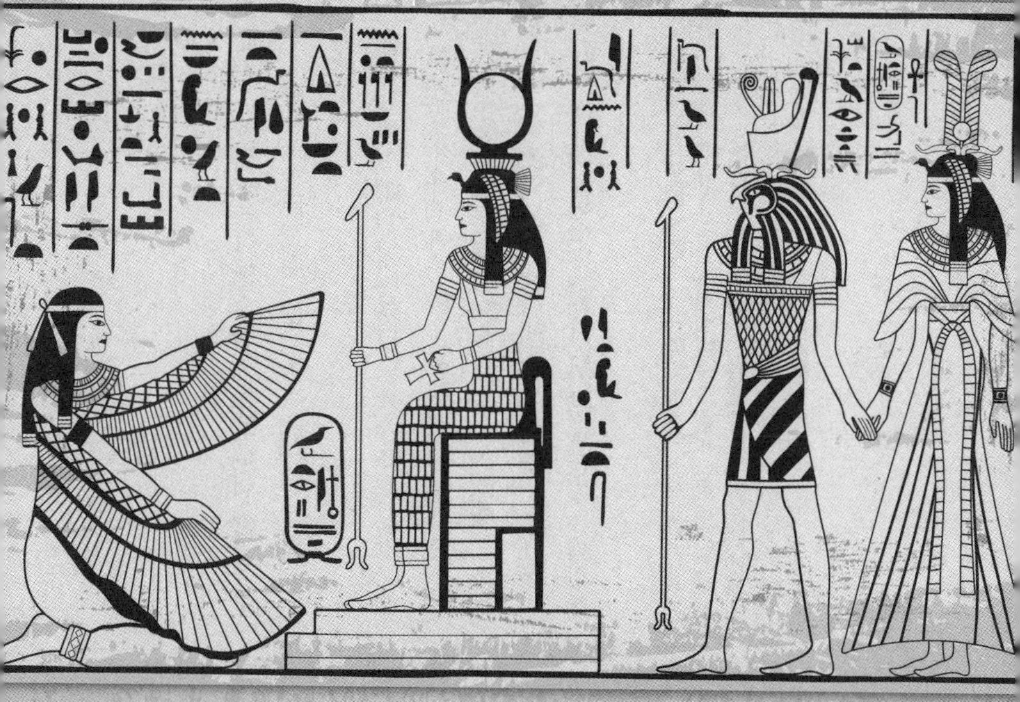

狹長的眼睛凝視遠方，顴骨較高，下巴小而尖，神情堅毅且蘊含著天生的高貴氣質，從這些特徵可以判斷，此人的性格必定異於常人——這就是泰伊王后[126]留給後人的印象。她是阿蒙霍特普三世的妻子，也是新王國時期最偉大的統治者之一。

這個女人本不屬於王室成員，卻有非同凡響的命運。她的父母是位於埃及中部艾赫米姆城（Akhmim）中的貴族。她的父親圖亞（Touya）是司掌生產的神「敏」（*Min*）的僕人，主管馬廄和馬車；她的母親尤雅（Youya）是一位兼具宗教和經濟職能機構的高層人員，同樣受敏神的庇佑。這對夫婦很可能得以接觸到權力集團的核心，因為他們享有罕見的特權——在帝王谷[127]擁有一座陵墓，兩人的木乃伊保存得非常完好，從他們墓室中陪葬品的華美程度，可以想

126 依序為兩個小型頭像，其中一個小型頭像（高七公分、寬五公分）是用綠色的皂石雕刻而成的，發現於位於西奈的沙別艾卡錠；另一個小型頭像（紫衫木製成，高十一公分）來自法尤姆的邁迪耐特古羅布，現存於柏林博物館。藉由X光照相技術（D.Widung, *BSFE 125*, 1992, pp. 15-28），人們發現在雕像所戴的有藍色珍珠裝飾的頭飾下隱藏著一些王室的標記（哈托爾式的王冠、黃金眼鏡蛇、黃金耳環），標誌著泰伊王后和女神的身分。為什麼要對雕像進行修改呢？也許是因為王后在她的丈夫去世後不再位於權力的巔峰，但仍然具有影響力。沒有人能因此得出令人沮喪的結論，譬如認為這意味著過去的美好時光一去不復返了。

127 KV 46.

見圖坦卡門（Tout-Ânkh-Amon）法老的陪葬品規模。

☥ 昭告天下的婚禮

阿蒙霍特普三世在位三十多年[128]。在他統治期間，天下太平，百姓富足，社會繁榮。特別是在這一時期，盧克索神廟拔地而起，這是兩位建築總管霍爾（Hor）和蘇迪（Souti）的傑作，同時，這也是兩位神的名字。哈普之子——阿蒙霍特普三世在去世之後一直以智者的形象受到人們的敬仰和膜拜，在他的統治下，埃及進入了國力強盛、疆域安定的鼎盛時期。

阿蒙霍特普三世的第一個決定就是挑選一位大王后——泰伊。非常罕見的是，他利用一種很有效傳遞消息的方式，將他的婚訊昭告天下。他製作了一些彩陶聖甲蟲，尺寸很大，將它們分送到埃及各省以及友邦的君主手中。

這些象徵著幸福的聖甲蟲像上鐫刻的文字能告訴我們什麼呢？那就是：法老與一位名叫

128 西元前一三八六年—前一三四九年。

泰伊的大王后結婚了，「王后萬歲！」人們額手稱慶。這些文字同樣明確傳達的訊息是：泰伊的父親是圖亞，母親是尤雅，新王后的雙親需得到應有的禮遇。國王宣布了屬於自己的五個王銜，其中一個是「因瑪阿特法則而雄起的強壯公牛」，以此提醒天下人：從蘇丹的長羅伊到亞洲的米坦尼王國，他在這片廣袤的領土上擁有強大的統治權。

這些文字傳遞的訊息非常明確：國王與王后這一對新人的權威毋庸置疑，在「凡界王座」上的地位堅不可摧。泰伊以一種令天下譁然的姿態被載入埃及歷史。

☥ 泰伊統轄上下埃及

我們已經得知，「法老」這個具有象徵意義的概念是由國王夫婦二人共同組成的。阿蒙霍特普三世和泰伊強化了此一基本概念。大量官方資料的結尾均有「國王阿蒙霍特普三世和大王后泰伊陛下」的字樣，用以作為行使上下埃及管轄權的印記，並出現在所有重要的契約文書上。

王后不僅深入參與政治生活，事實上，她的政治權力源於宗教和其象徵意義，換句話說，她「與女神瑪阿特很相似，追求光明之神——『拉』，因而在法老中占據一席之地」[129]，又可以理解為，在人世間，王后是和諧法則的化身，也是一個公正而穩定的政體中的關鍵人物。

王后也是天空、愛情和快樂女神哈托爾的化身。她用法力保護國王，正如赫魯夫的底比斯陵墓中著名的浮雕所表現的那樣，國王夫婦和他們的兒子——未來的阿肯那頓[130]出席為他們舉辦的盛大慶祝活動。這不是一般意義上的社交活動，而是慶祝國王夫婦[131]所代表的王室重獲權力的節日。

在阿蒙霍特普三世在位的第三十年、第三十四年和第三十七年，他本人共經歷了三次「賽德節」的重生儀式洗禮，在儀式過程中，王后泰伊發揮著主導作用。在底比斯河西岸的馬勒卡塔，一處位於王宮附近的場所被修繕一新，專門用於迎接諸神。法老夫婦以不朽的方式將

129 出自赫魯夫位於底比斯的陵墓（編號192）。

130 編按：即古埃及第十八王朝法老——阿蒙霍特普四世，後改名為阿肯那頓（Akhénaton）。

131 作為洞悉哈托爾女神奧祕的人，泰伊頭戴眼鏡蛇王冠，上面裝飾著兩根羽毛，象徵著生命之風和創世之火，又或是太陽日輪。她主宰著歐西理斯復活儀式中的一個重要環節，即樹立代表「穩定」的傑德柱，其重要性可以與歐西理斯復活儀式相提並論。

他們結合的訊息昭告天下：在遙遠的努比亞，他們在靠近尼羅河第三瀑布的索勒伯建造了一座神廟，國王和王后都是在這裡舉辦慶祝重生的慶典，以獲得永生。而王后的靈魂「卡」也在離此處不遠的賽坦卡的神殿中接受供奉朝拜。作為哈托爾神的僕從，王后專享這座神殿。

☥ 從王后宮到供王后娛樂的湖泊

泰伊有其實現野心的手段，由她所掌控的整個行政部門都彙集於王后宮，參與了法老制度下的國家管理。由高級官員組成的主要機構集中在底比斯，這裡是阿蒙神的聖城，也是上下埃及的首都，在阿蒙霍特普三世和泰伊統治下繁榮發展。王后宮裡設有負責各種專業的局處單位，身兼不同技能的文官在這裡辦公，從會計到外語翻譯都有，還設有織造、木器和雕塑工坊，以及多個實驗室、麵包坊、釀酒廠，甚至還有一所學校。

和國王一樣，王后每天的行程非常繁忙，包括日常的宗教儀式、王后宮的管理和官方會見活動。上至法老，下至平民，每個人都承認泰伊具備諸多優點，她因此得到一份特殊的禮物，這件事被記錄在石製聖甲蟲上，得以流傳後世。

阿蒙霍特普三世統治的第十一年，在為期三個月的尼羅河氾濫季「阿克赫特」的第一天，也就是接近九月末，舉行了一個人工湖的落成儀式，這個湖是獻給王后的禮物。湖的規模令人驚嘆：長三千七百肘尺，寬七百肘尺，這樣一份禮物很難不引人注目。

湖泊位於艾赫米姆城北邊的德加魯卡（Ojaroukha），那裡是泰伊父母的出生地。一如預期，王后可以在湖中泛舟。後來湖裡的水還作為周邊農作物的灌溉水源，那條船的名字同樣值得關注，叫作「光芒萬丈的阿頓神（Aton）」。阿頓神正是阿肯那頓崇拜的太陽神，那時已經出現在宮廷中了，只是尚未引發分歧。

寡居的王后

為了有朝一日能引起埃及學研究領域的充分重視，有必要不斷重複這樣一個事實：「王子」（或為「王室之子」）和「王女」的稱號是禮儀方面的頭銜和職位，很難知道獲得此類稱號的人是否真的屬於王室成員，還是一種對宮廷顯貴的尊稱。

這就是我們對泰伊子女的數量一無所知的原因。當然，她誕下了未來的阿肯那頓以及另外兩個女兒，但這沒有確鑿的證據證明。所有出現在家族譜系中、所謂有科學依據的關係都應該被認為是單純的假設。

阿蒙霍特普三世去世後，王后透過傳遞聖甲蟲發布了這個消息，「為了她摯愛的哥哥、法老王」。在阿蒙霍特普三世持久而輝煌的統治之後，誰能夠接替他呢？為什麼不是泰伊自己呢？

她做出了不尋常的決定。也許是因為她的長子失蹤了，她的次子——一個熱衷於研究宗教史料的年輕人，成為了第四任阿蒙霍特普；他娶了一名非王室出身、但非常美麗的女人——納芙蒂蒂（Nefertiti），並在即位的第四年做出了一個令人瞠目的激進決定：改名為阿肯那頓，意為「效忠於阿頓神的人」。他修建了新的都城，遠離底比斯和他所憎恨的阿蒙神的信徒們。

泰伊見證了此次變革，而她既沒有參與，也沒有反對。她在丈夫逝世後至少活了十二年，儘管退居幕後，卻依然非常活躍，特別是在外交領域，這將在下一章中談到。

chapter

34

決裂的納芙蒂蒂

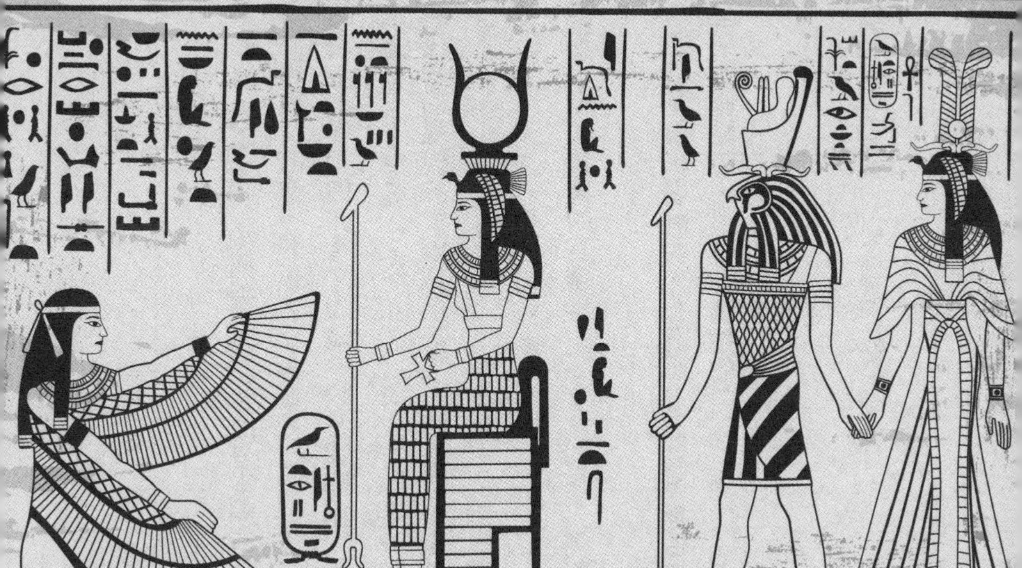

在阿瑪納（Amarna）[132]以創紀錄的速度建成的太陽城，是納芙蒂蒂和阿肯那頓的新首都。在阿瑪納遺址處，考古學家發現了一個名字和兩座雕像，其中一座人像是在一九三二到一九三三年之間的一次考古活動中出土的，這是一個雕塑的頭像，現藏於埃及博物館中；另一座雕像則聞名天下，由路德維希·博哈特（Ludwig Borchardt）於一九一二年公諸於世，這就是著名的納芙蒂蒂半身像。在被阿肯那頓的繼任者們摧毀的太陽城遺址中，雕像在一處特別的地方——為宮廷工作的大雕塑家圖特麥斯（Thoutmès）的工作坊中——被發現，這座彩陶半身像如今是柏林德意志博物館的鎮館之寶。

無法明確的出土條件、考古學家的反常表現、令人質疑的真實性……這些都是人們對這座著名的納芙蒂蒂半身像爭論的焦點。

每個人都對她的美貌讚不絕口，這位王后不就是最美麗的女人化身嗎？圖特麥斯的創作永久地保留了她的美貌，當我們凝視著納芙蒂蒂的側臉時，很難否認她的美，但她的正面像

132編按：今埃及明亞省，阿肯那頓法老將首都由底比斯遷都於此，意為「阿頓神德澤所被之地」。

給人完全不同的印象[133]。雕像所呈現的並不是一個溫柔浪漫的年輕女孩，而是一個權力掌控欲很強的女人，她性格強勢果斷、積極進取，既不溫柔似水也不軟弱可欺，卻表現出顯而易見的優越感和不可抗拒的威嚴。

而這也符合納芙蒂蒂的所作所為，她是一個分水嶺——在她統治期間，推翻了埃及傳統的多神信仰，規定只能崇拜阿頓神。這樣的決裂影響如此深遠，以至於後來圖坦卡門回歸傳統也不能完全彌補因此產生的鴻溝。於是隨著神祕主義和個人崇拜的加劇發展，法老制度的象徵性和精神性受到嚴重衝擊，通往一神論、排他性和狂熱崇拜的缺口被打開了。

☥ 誰是納芙蒂蒂？

關於納芙蒂蒂的身分所知甚少。據說，她出生於一個地方上的貴族家庭，她的乳母名叫泰伊，與阿蒙霍特普三世的妻子同名，而泰伊的丈夫很可能是在阿肯那頓宮廷中擔任宗教要

133 在我的小說《納芙蒂蒂，太陽的影子》（*Néfertiti, l'Ombre du Soleil*）一書的封面，我復原了雕像上缺失的眼睛，以便我們能端詳這位王后完整的面容。

職的阿伊[134]，他在年紀較大的時候，繼任圖坦卡門之位成為法老。

「納芙蒂蒂」是為阿肯那頓所娶的年輕王后所準備的王銜，意思是「美人來臨」，這個名字隱喻了一段關於哈托爾女神的神話傳說：為了故鄉的和平穩定，哈托爾毅然離開家鄉，前往乾旱的努比亞，在那裡，她變身為可怕的雌獅塞赫美特，一心要毀滅人類。幸而有智慧之神托特的干預，這隻雌獅被馴服，重新變回溫和仁慈的哈托爾。這個過程被稱為「遠方女神」的回歸，而「美人來臨」，就是指歸來的哈托爾，她是富饒繁榮的守護神。

無論從神學還是政治角度來看，納芙蒂蒂這個名字都有特殊意義。自從嫁給了新君，她就自詡為哈托爾和瑪阿特女神的化身，象徵愛情和法則，輔佐君王治理國家。作為不可分割的整體，國王和王后的名字通常也聯繫在一起——夫妻一體，才能行使至高權力。

她的面色瑩潤，且在一對羽毛飾物的映襯下更顯喜色盈盈。幸福的王后具備一切美德，聲音悅耳動聽。她是優雅的夫人，也是愛的化身；她的情深義重令統領上下埃及的君主喜不自勝。這是在新首都的界碑上描述納芙蒂蒂的一段話，然而單從儀軌的角度來看，這段文字

134 編按：阿伊，在位時間極短的一位法老，原本身分是大臣，可能是娜芙蒂蒂的生父。

可以適用於所有埃及王后。

☥ 高調的家族

埃及擁有了新的首都，人民開始信奉新的主神：太陽神阿頓。其他諸神遭到排擠和冷落，到處可見為了阿頓神興建的露天神廟，形成一個建立在大量奢侈祭品上的新信仰體系。除舊立新的變革不止於此：王后納芙蒂蒂開始在公眾場合展示自己，有如真正的明星一般吸引了所有目光。每天清晨，她陪在法老旁，乘坐檢閱馬車穿過寬闊的大道；她在公眾面前，毫不猶豫地親吻她的丈夫。這樣的行徑在以往簡直不可思議。

作為六個女孩的母親，納芙蒂蒂是多生多育的模範，她的家庭享有阿頓神的光輝照拂，她代表著完美幸福的形象，也護佑人民幸福安康。這就是為什麼在其他王朝從未出現的親密家庭場景，在太陽城卻比比皆是。納芙蒂蒂為她的一個女兒哺乳，另一個女兒撫摸著她的下頷；王后坐在國王的膝上，懷抱著他們的孩子。

生活在現代的我們很難了解古代王室的尊榮和高貴，一般而言，王室成員的生活不輕易示人。幸而在納芙蒂蒂堅定的影響下，王室家庭的人情味和日常景象展現於世人面前，強而有力地證明了這種極致的幸福是來自阿頓神的恩賜，而國王夫婦是唯一與阿頓神有直接聯繫的人。

「阿頓神完美無瑕」是這位王后的王銜之一。每天早上，她都要舉行獻祭太陽神的儀式，太陽的光輝籠罩著神廟。人們再也無須在祕密的祭壇上小心翼翼地喚醒神的力量，太陽神的光芒澤被萬民，普照四方。太陽升起意味著生命，而陽光消逝意味著死亡。阿肯那頓和納芙蒂蒂是神祕與激進力量的結合，國王寫了很多詩歌，讚美太陽神，其成就令諸神失色。國王也給予周圍親近的人同樣的教誨和影響，這在新首都許多顯貴的墓室牆壁上能得到印證；而納芙蒂蒂榮列女神之位，在阿頓神廟的中心位置能找到她的雕像，信眾們在此向她祈禱膜拜。

一位女法老王？

從各種考古文獻的蛛絲馬跡之中，我們懷疑納芙蒂蒂如果不是改信阿頓神的靈感來源，也很可能是這次社會變革的主要推手和宣導者。她以母親泰伊為榜樣，參與了國家的重大決策，甚至比她的母后走得更遠，以法老王的姿態出現——這引發了一些埃及學家的猜測，認為她很可能在短時期內獨自治理過國家。

例如，美麗的納芙蒂蒂出行時獨自乘坐馬車，佩戴弓箭，從王后寢宮直接前往阿頓神廟。當乘坐王室專用的船隻時，她呈現出典型的法老姿態，緊緊抓住敵人的頭髮，用一根短棒擊碎敵人的頭顱[135]。追根溯源，這一動作象徵法老戰勝了黑暗勢力。

納芙蒂蒂的形象還單獨出現在王后宮殿的「顯聖之窗」[136]前：她正賜予一樣極為尊貴及代表榮譽的飾物「黃金項圈」給另一名女子[137]。其他一些細節也傾向於證明，王后的服飾對於這位強勢女性太局限了，她並不是一位沒有存在感、低調內斂的「可愛妻子」，而是一位自信且毫不掩飾自己權力的女性。

135 這一場景出現在波士頓美術館收藏的一件文物上。另一件來自阿瑪納、重現於卡納克神廟的文物也表現了同一主題。

136 編按：埃及神廟和陵墓中出現的一種窗戶設計，通常在神廟或陵墓的高處。顯聖窗可讓陽光射入神廟或墓葬，照亮祭壇或神像。古埃及人認為神靈的靈魂能從顯聖窗進入，是陵墓中的重要元素。

137 邁赫特雷（Meretrê）夫人。

泰伊的最後一次出現

底比斯曾經是埃及的首都，那裡的人們崇拜阿蒙神，作為定都底比斯時期的代表人物，母后泰伊會有怎樣的命運呢？她沒有遭到迫害，也沒有被拋棄，她的兒子阿肯那頓在新首都太陽城為她準備了一座宮殿。太陽城被譽為「阿頓神光明照耀的地方」，到處都是漂亮的房屋花園，水道密布，一位總管被派來管理這位老婦人的居所，然而泰伊直到新王即位第十一年，才接受了兒子遷居的邀請。

國王夫婦熱情地接待了泰伊，並且大肆宣傳她的到訪，因為這位母后儘管退居幕後，卻依然具有舉足輕重的影響力，她的存在使人安心，避免底比斯陷入混亂。特別是當令人擔憂的緊張氣氛開始顯露時，她卻仍擔任外交事務專員，負責和外國首腦保持聯絡。

根據阿瑪納的外交部檔案記載，泰伊——「埃及的女主人」——是唯一掌握國家機密的女人，人們只想和她商量國事，因此她是在擔憂埃及局勢的外國君主和埃及法老之間發揮斡旋作用的中間人。比如米坦尼國王曾經直截了當地建議阿肯那頓去諮詢他的母親，以便獲取準確的資訊！

泰伊為了維護國家和平做出了巨大貢獻，她和丈夫阿蒙霍特普三世親手締結了多個「具有外交意義的」聯姻。阿蒙霍特普三世透過迎娶外國公主的方式，維持與其他國家的聯盟關係，遏制潛在的入侵者對武力的狂熱。在阿肯那頓時期，這一外交舉措得以延續。人們猜測是泰伊一手「包辦」了她的兒子和米坦尼公主[138]的政治聯姻。米坦尼王國是維護埃及國土安全的關鍵國家。

關於泰伊最後出席的晚宴，場面有些怪異，這在一位名為胡伊的顯貴的陵墓中有所呈現。當納芙蒂蒂和阿肯那頓按照新的意識形態，盡可能地表現得像一般人一樣咀嚼著肉類時，泰伊只是模仿他們進食的動作。對於國王夫婦這種態度感到震驚的泰伊，並不同意自己被如此粗俗地描繪。顯然，伴隨著新的宗教信仰而來的是神聖感的喪失，這相當令人不快。

這場晚宴發生在阿肯那頓和納芙蒂蒂執政的第十一年，也就在那年之後，泰伊消失了。她被葬在哪裡了？很可能是太陽城，在納芙蒂蒂和阿肯那頓為王室成員修建的陵墓中。後來這位偉大王后的木乃伊下落不明，根據一種較為可靠的推測，在阿肯那頓統治時期之後，泰

138 她的名字叫基婭（Kiya），在阿瑪納很受寵愛，在王朝末期發生動盪之時，她很可能被遣返回自己的祖國。

伊的木乃伊再度被送回底比斯，安置於她的丈夫阿蒙霍特普三世的身邊。陵墓位於帝王谷的一處旁支所在，位置偏僻，隱藏在不見陽光的山谷中。

時至今日，泰伊的木乃伊依然沒有被找到，但在人們的記憶中，泰伊永遠不會被遺忘，人們對她的尊崇和熱愛持續了很長時間。

☥ 納芙蒂蒂理想的隕滅

阿肯那頓統治的第十二年，這個完全信仰阿頓神的理想國達到了它的巔峰時期。當新王國時期的法老們努力維護的和平受到威脅時，阿肯那頓和納芙蒂蒂多半是在泰伊的慫恿下，決心在首都召開使臣大會，以彰顯埃及王權的堅不可摧。

如今，人們普遍肯定這對統治者夫婦的決策和做法，認為其擁有現代政治學的智慧，對這組統治者夫婦「現實政治」的讚美成為一種時髦的論調。兩人之所以採取這樣的舉措，很可能是注意到了西臺人的崛起，又或是在形勢不利的環境下無力抵禦好戰黷武的土耳其人。

如果和未來的埃及法老塞提一世與拉美西斯二世的態度相比，可以發現阿肯那頓相當優柔寡斷，容易被敵人散布的謠言所欺騙。但可以肯定的是，在他執政的第十一年召開的那次使臣大會取得了巨大成功；外國君主們不是送來了大量珍貴的禮物嗎？

然而，有一樣禮物出乎意料：一種傳染病——不一定是鼠疫，因為沒有證據，但大致可確定是由一名或多名大使傳播給當地人民。

王室成員也未能倖免於難。阿肯那頓和納芙蒂蒂的第二個女兒夭折了，恐慌隨之蔓延。賜予生命的太陽神阿頓怎能令國王夫婦遭受死亡的懲罰呢？在王室陵墓中展現了這樣的場景：納芙蒂蒂和阿肯那頓痛哭流涕，表現出極富人性化的一面，這種態度在之前歷任法老身上都從未出現過。因為在古埃及，死亡不是生命的終結，只是一個過渡，至少對「忠誠的信徒」來說是這樣的。

隨著泰伊的去世和年輕公主的夭折，所有的一切開始坍塌。為什麼？因為納芙蒂蒂和阿肯那頓全心全意地信仰阿頓神，因而廢除了所有歐西理斯的儀式，包括復活儀式。石棺的周圍再也沒有女神環繞，只剩下納芙蒂蒂！既然白晝象徵生命，夜晚象徵死亡，既然太陽城中不再舉行歐西理斯的祭祀儀式，那麼就意味著一個死去的孩子再也無法復生了，理想國隕滅了。

關於這個王朝的終結有很多論述，未來還會有人繼續研究，埃及學家的想像力是無止境的。相關史料既稀少又隱晦，除非有新的考古發現，否則一切僅僅是主觀臆斷。

一般認為納芙蒂蒂死於阿肯那頓之前，但事實上無法確定。納芙蒂蒂是否在專屬她的神殿——「太陽的影子」裡香消玉殞？阿肯那頓是否在他執政的第十七年逝世？納芙蒂蒂被埋葬在何處？她的木乃伊是否被運回底比斯的陵墓群？她的陵墓是否有待被人發現？很多類似的問題尚未得到解答。

唯一可以確定的是，納芙蒂蒂是一位與傳統決裂的王后。她在位時對宗教的改革，讓古埃及的傳統價值觀因此斷裂，出現新的信仰和文化，從某個層面來說，她的統治標誌著古埃及第一次的滅亡。多虧了阿肯那頓的兒子圖坦卡門和後來的法老哈倫海布（Horemheb）致力恢復舊制——回歸信仰阿蒙神，廢除只崇拜阿頓神的一神信仰，締造埃及文明的核心價值理念才得以重見天日。然而，蛀蟲已經深入果實，儘管經過了幾個世紀才使其腐朽，但是此後的埃及再也無法回到過去的黃金時代。

chapter

35

王后谷

古埃及新王國時期的法老和部分貴族，以及他們鍾愛的寵物，都以帝王谷作為長眠之地，這得歸功於女法老哈特謝普蘇特，因為是她將埃及新王國時期的皇家墓穴從傳統的金字塔形式轉變為更隱蔽的峽谷墓穴，使得以後的統治者和貴族都選擇在谷地建造他們的墓穴。另一位王后——薩特－拉（Sat-Ra），「光明之神的女兒」，在底比斯河西岸修建了另一處陵墓群，後來被人稱作「王后谷」，並因此聞名於世，而它原先的名字其實是「靈魂重生之地」。[139]

薩特－拉是誰呢？她是拉美西斯王朝第一任法老的大王后，拉美西斯王朝一共有十一位國王，她很可能是塞提一世的母親和拉美西斯二世的祖母。她的丈夫被委以管轄上下埃及的重任時，年紀已經有些大了。

在拉美西斯統治時期，埃及歷史揭開了新的篇章。關於信仰阿頓神的插曲已被塵封，法老哈倫海布重新振興了昔日的傳統，恢復了底比斯往日的地位。然而，外部環境已經發生變化，又變得危機重重。新王朝重新信奉神聖的光明之神——拉，締造了金字塔時代充滿創造力的強大國家。

139 還有其他的譯法，互不排斥，比如，「完美之地」、「至美之地」、「王族後裔之地」。參見C. Leblanc, *Ta Set Neferou. Une nécropole de Thèbes Ouest et son histoire*, I, Le Caire, 1989 ; « La Vallée des Reines », *Dossiers d'Archéologie*, Dijon, 1992.

拉美西斯一世在位的時間很短，儘管他位於帝王谷的陵墓規模不大，卻保留令人瞠目的迷人色彩。他的妻子做出了一個偉大的決定，就是開闢了一個新的地方——王后谷。王后谷被荒涼的峭壁環繞，而帝王谷恰恰相反，是一個視野開闊的小山谷，位於河西岸山脈的最南面。

王后谷原先是一些王族顯貴的小陵寢所在。薩特－拉認為這個地方很適合作為王后的冥所。儘管她的陵墓規模較小，但用於召喚靈魂重生的壁畫和文字一應俱全。在她之後，第十九和第二十王朝的大王后們也把這處荒涼的山谷作為與神靈進行終極連結的場所。

這裡安葬的不只有王后，在拉美西斯三世統治時期，一些公主也長眠於此。陵墓建築的色彩保存完好，堪與帝王谷的陵墓媲美。陵墓中所描繪的畫面既不是呈現趣聞軼事，也不記載歷史，主要表現跨越冥界之門，進入永生之旅，以及與神靈心意相通的場景。

王后谷遭受了多次浩劫，因為出入方便，王后谷成為偷盜和破壞行為的犧牲品。特別是基督教徒們，驚懼於女神和王后們的面容和姿態，認為這些女子過於妖豔，是邪惡和誘惑的化身，於是只有兩種解決辦法：不是把雕像和壁畫破壞殆盡，就是在表面塗上一層灰漿遮蔽起來，如果是後者，有時簡單的清洗就能讓那些被遺忘的面龐重見天日；然而不幸的是，阿拉伯人焚毀了大量木乃伊，整面牆壁上的壁畫和雕像被永久地摧毀了。

一九〇三年，義大利人歐內斯托·斯基亞帕雷利（Ernesto Schiaparelli）進行了一次大規模的考古行動，發現了六十九座陵墓，其中最著名的是拉美西斯二世的大王后奈菲爾塔利的陵墓，這是埃及藝術史上最具代表性的瑰寶之一。

相關研究仍在進行中，還有一些王后的身分沒有被辨識出來，但可以肯定的是，她們的陵墓都在王后谷中。

chapter

36

王后的巨像

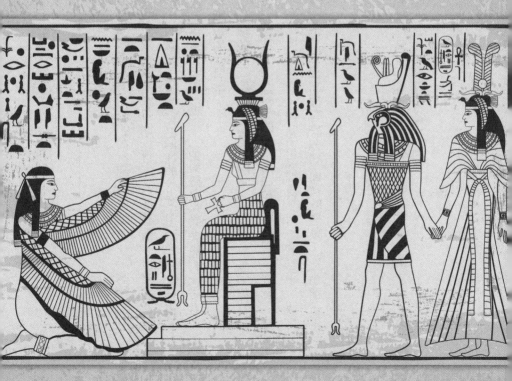

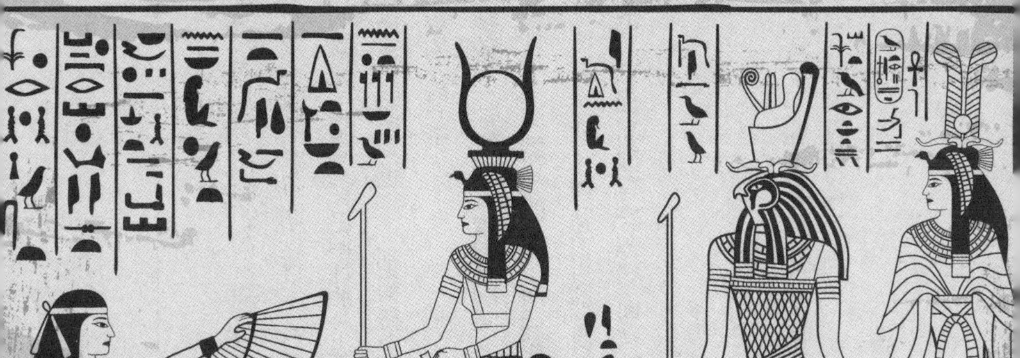

在梵蒂岡有時會發生奇蹟，一座美輪美奐的埃及博物館的存在就是奇蹟之一，博物館中收藏了許多珍品，其中包括一座三公尺高的石像。新王國時期以巨大石像著稱，但這些石像所塑造的不全是法老[140]。比如王后圖伊（Touy）的雕像。這是一位個性非常突出的王后，可以說，她生命中的兩個男人——丈夫塞提一世和兒子拉美西斯二世——都稱得上「偉人般的」法老，他們的身邊當然需要一個像圖伊[141]這樣性格剛毅的女君主。

和以往一樣，人們對於她作為世俗形象的經歷一無所知。重要的是，她稱自己為「穆特－圖伊」（Mout-Touy），因此受底比斯最偉大的女神——阿蒙神的妻子所庇佑。「穆特」意為「母親」，也有「死亡」的意思。偉大的母親孕育了所有生命，穆特可以變身為可怕的獅子，將光明之神的敵人放入鍋中焚煮，在舉世無雙的卡納克神廟裡有許多獅面女的形象，這座廟正是為獻祭女神穆特而建。

140 在巨型石像中，有阿布辛貝神廟中的奈菲爾塔利的巨石像，也有拉美西斯二世的公主——梅里特－阿蒙神（Mérit-Amon）。後者的石像發現於艾赫米姆城，高八公尺，重達四十多噸。

141 L. Habachi, *RdE 21*, 1969, pp. 27-47.

塞提一世在其統治時期建立了非凡成就，在短短十三年[142]裡，他成為古埃及歷史上最偉大的奠基者之一，為後人留下了偉大的歐西理斯神廟和阿拜多斯紀念碑，這座「永恆神廟」位於底比斯河西岸的古爾納。此外，他的遺產還包括帝王谷最大的陵墓，其中的裝飾具有重要的象徵意義，如同一座取之不盡的寶藏。

在開羅博物館，塞提一世的木乃伊保存得非常完整，人們可以凝視這位君主平靜祥和的面龐。他的名字取自謀害歐西理斯的人——賽特！為什麼取這個名字？因為作為拉美西斯時期第一位君主的繼承人，塞提一世面臨著一個嚴重威脅：西臺士兵的入侵日益升級。國王需要賽特的力量，因為後者不僅是一位邪惡、擾亂和平的神，還擁有暴風雨的力量，他在黑暗的中心屹立於運送法老靈魂的太陽船船首，擊敗試圖摧毀太陽船的惡龍。

賽特的力量在宗教範疇和世俗世界都有所呈現。宗教方面，它具體化現為在歐西理斯的聖地阿拜多斯修建的建築群；世俗方面，則表現為對西臺人的抗擊。儘管圖伊不遺餘力地斡旋，外交資源依然消耗殆盡，軍事行動勢在必行。塞提一世成功遏制了敵人，在敘利亞－巴

142 西元前一二九一年－前一二七八年。

勒斯坦走廊重建和平。這一區域是入侵埃及的必經之路，也是動盪頻仍的地區。

圖伊，偉大母親穆特的僕從，誕下了一個男孩。這名孩子的誕生具有超乎現實的意義。因為神聖的父親阿蒙神藉助國王的軀體與王后結合，他身上散發來自神祕的邦特之地的香氣如此甘美，以至於王后無法抑制對他的渴望，得益於哈特謝普蘇特的記載，這種說法為大眾所熟知。阿蒙神允諾道：「我將讓我的兒子成為法老。」來自神的諾言得以兌現：圖伊生下了未來的拉美西斯二世。

在塞提一世去世後，他的兒子做好了執政的準備。拉美西斯二世的母親比丈夫多活了二十二年，又因為兒子對其敬愛有加，她在宮廷中地位舉足輕重。當拉美西斯二世在尼羅河三角洲地區建造了新的首都——被譽為「綠松石之城」的比－拉美西斯（Pi-Ramsès）之時，他還不忘紀念他親愛的母親，專門為她獻上一座中王國時期風格的雕像[143]，雕像的某些部分被重新改動過。對於古埃及人來說，這些舉動所傳達的訊息顯而易見：圖伊代表高貴的傳統，並且與她所延續的黃金時代密不可分。

143 開羅博物館，編號JE37484。

作為一個孝敬母親的兒子，拉美西斯二世總是將他的母親與自己的小家庭緊密聯繫在一起。作為證明這種深厚感情最重要且永存的標誌，他在拉美西姆神廟專為圖伊設置了神殿。這座永恆神殿的遺址至今仍具有令人著迷的魅力。在那裡，母后圖伊與哈托爾女神合體，她與拉美西斯的父神阿蒙結合一事被呈現出來。圖伊的雕像高達九公尺，她因而永遠被世人所銘記！

在拉美西斯二世執政的第五年，這位年輕的法老和他的父親一樣，不得不面對西臺人的侵擾，在很多神廟的牆壁上刻有表現卡迭石戰役的場面。在那場著名的戰役中，拉美西斯二世孤軍奮戰，身邊只剩下他的騎士侍從和拉著戰車的馬匹，他們被數千敵軍團團包圍。該怎麼辦呢？他向阿蒙神祈求：「我的父啊，你為什麼拋棄了我？」這一次，父神並沒有拋棄他的兒子，而且給了他足夠的力量擊敗敵人，又一次，光明戰勝了黑暗。西臺人意識到他們無法入侵埃及，最終同意締結和平條約。

是誰給西臺王后寫了一封信，對這個令人愉快的結局表示滿意呢？正是年邁的圖伊。她厭惡戰爭，很高興能透過交換國禮的方式，與近東地區剛形成的勢力達成平衡。

這名偉大的女君主在垂暮之年才去世，死後葬於王后谷[144]，極盡哀榮。由於墓室被盜，她的陪葬珍寶已遭竊一空，只餘一個卡諾匹斯罐的罐蓋保存了下來，庇佑復活的年輕王后擁有如花的笑靨。

144 第八十號墓。

chapter

37

阿布辛貝神廟的女人

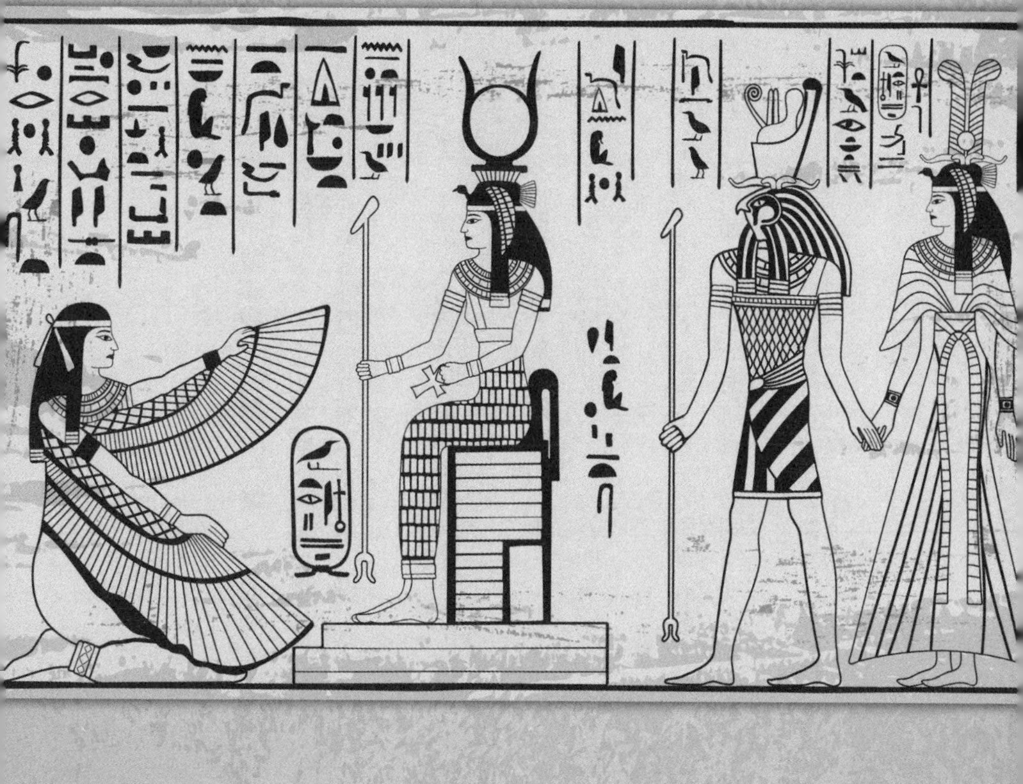

每一個有幸看到奈菲爾塔利陵墓內壁畫的人，即使是在短暫參觀中的驚鴻一瞥，也能感受到那一刻如蒙上天恩寵，這些埃及藝術作品的水準登峰造極，令人不由得感嘆，這僅僅是一座陵墓嗎？當然不是，這裡是永恆之地，是奈非爾塔利的靈魂經歷重要儀式的洗禮，得以永生不滅的聖壇，這些儀式以文字和圖畫的形式被詳細記載了下來。

奈菲爾塔利的出身無人知曉，雖然她並非出身王室——這在古埃及王后中很常見，但她仍然嫁給了拉美西斯二世。奈菲爾塔利，這位被譽為「美人中的美人」、「絕世美女」、「完美的女人」的王后——選擇了先輩中一個聲名赫赫的名字：雅赫摩斯－奈菲爾塔利。她在拉美西斯二世即位前就嫁給了他，很快地，她就作為「統領上下埃及兩地的女君主、管轄所有疆域的女主人、令諸神稱意的女人」，在重要的儀式慶典上出現。

根據傳統，埃及法老夫婦共同治理國家，兩人都是神所鍾愛的人，國王是「阿蒙神的寵兒」，王后是「女神穆特的寵兒」。夫婦二人代表落入凡間的神仙伴侶，擔負著保障國家安定的職責，而凡間的埃及其實是神界的映射。

無論是雕刻還是繪畫，奈菲爾塔利的肖像展現的都是一位理想王后的形象，正如盧克索神廟中的一段文字所描述的：

她是備受讚美的王妃、優雅的女王、甜蜜的心上人、上下埃及的女主人和完美的化身。她的手中拿著叉鈴（埃及古代樂器）。她令父神阿蒙歡喜，也是眾人的摯愛。她頭戴王冠，擁有美麗的面龐和歌唱家般的嗓音，而且她的話語令人感到愉悅。凡她所求，均能達成；凡她所願，盡皆實現。她的言談話語令人喜形於色，而她的聲音令人感受到生活的樂趣。

從即位伊始直至香消玉殞，奈菲爾塔利作為大王后的影響力無處不在。即使不從浪漫主義角度出發，人們也能察覺到奈菲爾塔利是拉美西斯二世摯愛的人。後者以不朽的方式向她證明這份偉大的愛情：他命人在阿布辛貝的努比亞遺址上修建了兩座神廟，頌揚國王和王后永久的結合。兩座神廟位於尼羅河三角洲地區的新首都——比－拉美西斯以南一千三百公里的地方。

當這兩座神廟落成時，正是拉美西斯二世在位第二十四年的冬天，那時奈菲爾塔利是否依然健在？這是否是她最後一次旅行呢？在近四分之一個世紀裡，這位王后出席了很多宗教和外交活動。她以新王國時期的歷任王后為榜樣，為維護和平與外國元首們保持密切的往來，特別是在標誌著埃及人和西臺人打成平手的卡迭石戰役之後更是如此，在拉美西斯二世執政的第二十一年，她的願望實現了：兩國的領導者以各自信奉的神靈為擔保，簽署了互不侵略條約；雙方對於條約的遵守開啟了近東地區一段長久的和平時期，埃及王后和西臺王后的表現令人欽佩。埃及王后說：「作為妳的姊妹，有我在，一切無憂，我的國家亦無憂。」

在發現阿布辛貝神廟的過程中，假使奈菲爾塔利仍然活在世間，她是否能想像這個地方會如此輝煌？作為獻給女神哈托爾的聖地，這個地方是經過精心挑選的。凡是親眼見過這兩座神廟原遺址的人，都無法忘記從船上看到聳立的宏偉巨型人像的那一瞬間。然而由於亞斯文（Assouan）水壩災難性的建設，神廟原址被納賽爾湖淹沒了。

大神廟獻祭給拉美西斯的靈魂——「卡」，內神廟則獻給奈菲爾塔利。王后會出現在國王的神殿中，反之亦然。

拉美西斯的意願表達得很明確：他建造了一座永恆的藝術品，獻給女神穆特永遠的、獨一無二的寵兒——大王后奈菲爾塔利，在穆特光輝的照耀下，奈菲爾塔利的光芒普照，如日中天。

神廟其實就是在一座崖壁上開鑿出來的，代表國王和王后的巨像彷彿從崖壁上躍然而出，這是一個神聖的洞窟和施展法術的場所，庇護了生命的源頭。奈菲爾塔利作為哈托爾女神的化身，掌控著蘊含生命創造力的漲潮和法老的重生；當她向神靈獻祭時，頭戴無與倫比的王冠，左右環繞著伊西絲和哈托爾，全身散發出一種神祕而強大的氛圍。大王后的身姿窈窕飄逸，手持生命之鑰和花卉的權杖，她的王冠由兩根高高的羽毛和兩隻牛角組成，中間是旭日升起的造型。

在尼羅河第二瀑布的下游，阿布辛貝神廟就屹立於河畔，神廟由兩個神聖洞窟組成，這裡一直是國王夫婦舉行祭祀活動的場所。例如，阿蒙霍特普三世和泰伊也曾來到努比亞，他們的蒞臨令這一建築名聲更盛，成為滋養埃及的中心。

從金字塔時代以來，也可追溯到更久遠的歷史，陵墓總是和神廟聯繫在一起。在神廟裡，人們舉行祭祀儀式和宗教活動；陵墓則是它的男主人或女主人跨越陰陽之界獲得永生的地方。奈菲爾塔利的陵墓建於王后谷[145]。在這裡，能工巧匠們向世人展現了這位王后所經歷的重

145 第六十六號墓。

生過程。

我們不知道奈菲爾塔利確切的死亡時間和相關情況，陵墓被盜過，王后的木乃伊早已不知所蹤[146]。她那裝飾著玫瑰花樣的石棺已經被毀，僅存幾塊骸骨，還有不少家具、幾件器皿、箱子的碎片以及一些被指派在冥界做苦力的替身俑「烏什布蒂」。此外，還發現了一雙涼鞋，王后穿著它們走過通往永生的美妙旅程。

經過對陵墓細緻耐心的修復，它恢復了原有的鮮豔色彩。人們不厭其煩地欣賞、解析那一系列表現奈菲爾塔利洞悉至高奧祕的過程。

如果僅憑信仰，祭禮不足以達到永生的目的。首先，需要念出正確的咒語，以便獲得鳥頭人身的托特神贈予的文官書寫板。這樣，王后才能編纂、書寫象形文字，寫下神的話語，並宣告：「我是文官，我履行『瑪阿特法則』，並帶『瑪阿特法則』前來。」履行「瑪阿特法則」，是指為人公正正直；帶「瑪阿特法則」前來，意為將和諧的法則歸還給制定這一法則的神。

王后不僅是文官，也是工匠。她學會了紡織技藝，能編織出創世的經緯，故而她要向所

146 部分木乃伊的膝蓋骨殘骸是否屬於她呢？

有工匠的主人——普塔神（Ptah）獻上神聖的織物。

決定性的時刻來臨了，即透過玩一種策略遊戲——塞尼特棋——決定輸贏。在王后面前的是不可見的對手。這是一盤不能輸的棋局，只有贏得棋局，王后才能在諸神的引導下見證鳳凰現身。鳳凰名為貝努（benou），它與混沌之初從孕育能量的海洋裡出現的第一塊岩石息息相關；接著，與聖甲蟲凱布利神（*Scarabee khepri*）的會面令奈菲爾塔利可以在永恆的旅程中永無休止地變化。

這一決定性的步驟使王后可以同時進入光明之神拉和冥界統治者歐西理斯的奧祕；用一句話就可以揭示這過程的本質：「歐西理斯成就了拉，拉也成就了歐西理斯。」由於參與了太陽神的演化，奈菲爾塔利受到伊西絲的邀請，在復活者的寶座上占有一席之地，並且可以與創世主神阿圖姆對話。

「金色聖殿」的天花板是這座神殿最精美的部分。天花板上布滿繁星，在繁星環繞中，奈菲爾塔利王后獲得永生。

chapter

38

對抗惡老闆的女人們

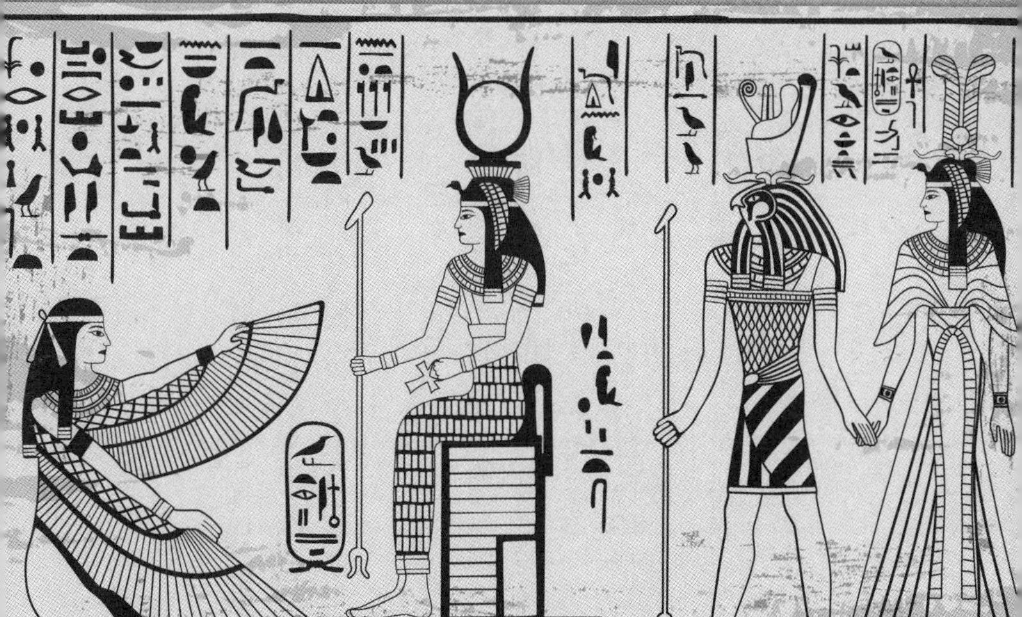

儘管人口激增在很大程度上引發了一些經濟問題，但拉美西斯時期的埃及一直保持繁榮興盛，直至末年才走向衰落。作為一個農業大國，這個國家擁有大量牲畜並種植各種規模不等的農作物，尼羅河氾濫帶來的淤泥和充滿智慧且高效率的灌溉系統，保障了人民的基本生活。

在農業勞作中，女性表現得積極活躍，其中塔卡萊（Takare）夫人就是一個例證。這個名字並不平庸，意思是「神聖光明的力量」。事實上，她的確名副其實！她不願做個家庭婦女，於是受雇於一位地主，負責管理一大群牲畜[147]。這是一項頗有難度的工作，不僅對雇工的能力要求高，而且很辛苦，但是埃及人依然毫不猶豫地把這樣的工作交給一名女性去完成。

塔卡萊自認為有能力勝任這份工作。直到有一天，她的雇主出於我們無從知曉的原因得出了相反的結論，於是雙方發生了爭執，她被解雇了。

這位地主找了另一個女人頂替塔卡萊，而且對新雇員很滿意。然而，他完全沒有預料到，團結會以一種出乎意料的方式出現，這位新雇員找到了塔卡萊尋求建議。

147 引述於《阿納斯塔斯莎草紙卷第（四）卷》（*Papyrus Anastasi IV*）。

塔卡萊並沒有拒絕她，甚至表現得非常積極，以至於這兩位女性竟成為朋友。塔卡萊向她抱怨地主是以怎樣過分的態度將她辭退。新雇員被她說服了，決心不讓此事不了了之。

兩個女人一同起訴雇主，村鎮和省會的法庭都沒有給出令她們滿意的結果。她們並沒有放棄主張自己應有的權利，於是前往最高司法機關，那是瑪阿特法則的維護者——由總理大臣主持的法庭。

這則軼聞意義深遠。古埃及的女性不僅在大多數行業擔任重要的職位，擁有決定性的經濟地位，而且她們受人尊重。維護公平與公正是法老文明的基本準則，塔卡萊夫人和其他許多女性一樣，無論富有還是貧窮，都為這場正義之戰貢獻了力量。

chapter

39

拉美西斯時期的女法老：塔沃斯塔

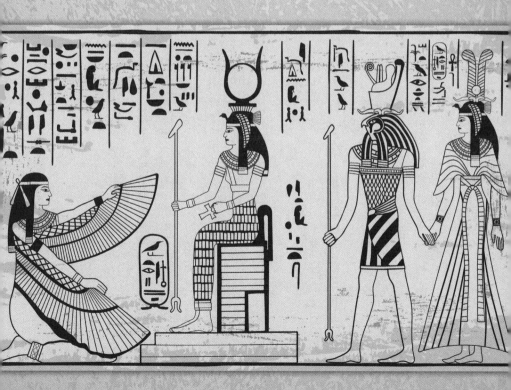

如果說有一項傑作被世人低估了，那一定是塔沃斯塔王后成為法老之後在帝王谷所修建的巨大陵墓。這座墓室的金碧輝煌令人印象深刻，她的石棺上裝飾著精美絕倫的畫作，這些畫作具有象徵意義，取材於王室喪葬系列典籍，描繪的是國王的靈魂在重生為新的太陽神之前，先要對付冥界的守門人，並且穿越危險的地界。埃及藝術最精美的彩繪浮雕的幾幅傑作就出自這座陵墓，特別是兩位女神伊西絲和奈芙蒂斯的肖像也在其中，她們總是同時出現。

細細瀏覽這座陵墓中長達一百一十多公尺的神殿，人們在這裡很容易陷入深深的沉思。當人們注視著這些藝術奇蹟時，不禁想要探究這位女法老王的身世。她發號施令，讓德爾埃勒-梅迪納赫村民開鑿建造了這座陵墓，並把它裝飾得精美絕倫。

拉美西斯二世執政時間很長，將近六十七年。在他之後，一名並不年輕的王室成員——國王的兒子麥倫普塔赫（Merenptah）繼承了拉美西斯二世的王位，並且阻止了一次「海上民族」[148]的進犯。「海上民族」是一群覬覦、掠奪埃及財富的匪幫。

這位鐵腕君王的繼承人很有膽量地再度選用塞提這個名字。然而，塞提二世卻沒有和他

148 譯註：主要來自小亞細亞和愛琴海沿岸島嶼，他們不是一個單獨的民族，也並非居住於特定地區。

那位著名的先祖塞提一世同樣的好運，並未因為這個名字而獲得神的力量。在他短短五年的執政生涯中，權力從內部開始分崩離析。當塞提二世留在位於尼羅河三角洲地區的首都時，另一位在底比斯的君主[149]意圖篡奪統治權。上埃及和下埃及，兩塊國土之間最基本的聯繫斷裂了，在古埃及人眼中，沒有比這更糟糕的事了。

塞提二世的大王后不是別人，正是塔沃斯塔。關於她的出身和家庭情況，沒有任何史料可以提供說明。她在丈夫去世後成為王國的實質統治者，很有可能是垂簾聽政。新的法老是一位受畸足畸形困擾的年輕人[150]，他在位的時間和塞提二世一樣短。接下來，人們終於迎來了閱歷豐富的塔沃斯塔的時代，她成功地從灰衣大祭司和王后的身分躍升為法老。

在此一時期，國庫大總管拜伊（Bay）似乎發揮了顯著的作用，他也是王室文官和司酒官。他傾向於支持誰呢？他是否是王后忠心耿耿的擁護者，願意幫助她登上至高的位置，抑或是一個覬覦王位的陰謀家呢？事實很明顯：拜伊被安葬在帝王谷，這是給予這個對國家忠心不

149 阿蒙麥西斯（Amenmès）很可能獲得了阿蒙神大祭司的支持。

150 麥倫普塔赫－西普塔赫（Mérenptah-Siptah）。

二的僕從最高的禮遇[151]。這位富裕而有權勢的大臣可能一手扶植了新的法老，最終卻因惹人厭而落得被處決的下場。現代歷史學家往往把當今政治上的風氣投射到法老時代的埃及，認為古埃及的王室充滿了陰謀詭計……但也許這些情況在當時根本就不存在！

對於塔沃斯塔的執政時間，官方說法是不少於八年[152]，但有些人認為實際上更短，無論如何，對她在這段期間內的具體統治和作為，我們幾乎一無所知。「富於愛心、溫和、受人愛戴的君主，上下埃及的女王」，這些對塔沃斯塔的美譽實至名歸，她重新恢復了埃及的統一，在尼羅河三角洲地區、赫里奧波里斯、孟菲斯、阿比杜斯、努比亞，甚至在西奈半島，處處可見她遺留的象徵和實際存在的痕跡。她是一位無可爭議的女王，統領著一片和平的疆域，震懾敵人於千里之外。

她的名字選得恰如其分，塔沃斯塔，意為「強大的女人」。她的王銜同樣意味深長，意思是「強壯的公牛、瑪阿特的寵兒」。這位新任的女法老王證實了她的創造力和對永恆秩序的恪

151 KV 13.

152 西元前一一九六年－前一一八八年。在其丈夫塞提二世去世後，塔沃斯塔開始執政。她將塞提二世供上神壇受人崇拜，同時抹除了麥倫普塔赫－西普塔赫和阿蒙麥西斯的印記。

守。她也是「令埃及統一、令外國臣服的女人」。因此，人們稱呼她為「塔沃斯塔」，意為「強大的女人」，並將至高的權力託付於她。

她的「百萬年神殿」（Temple des millions d'années）[153]建於底比斯河西岸，這是一座規模宏大的建築，至少有五十公尺長，其靈感來自拉美西斯二世的神廟，周圍環繞著工作坊和儲藏食品的倉庫。遺憾的是，這座神廟如今只剩下斷壁殘垣。

而她位於帝王谷的陵墓[154]儘管被盜，依然留下了精美絕倫的神殿。有個疑問：塔沃斯塔是否陪伴塞提二世長眠於此？這難道不值得注意嗎？

塔沃斯塔唯一的雕像來自赫里奧波里斯，頭顱部分已經缺失了，只有幾件珍貴的器皿作為微薄的陪葬品。她統治的結局無法明確得知，這個當上法老的王后始終是一個謎。如今存世的有一頂黃金王冠[155]，周圍有十六個穿孔，用於交替固定黃色與紅色的金質花朵。這件飾物

153 編按：法老在其統治期間建造的一座殿堂，用來祭祀他們的靈魂，在法老登基時便開始建造，死後才完成。一般會在法老的陵墓附近，被視為法老的永恆家園。

154 KV 14.

155 該王冠陳列於開羅博物館，編號CG52644，直徑十七公分，重一〇四克。

證明她確實由歐西理斯的法庭判定為「忠誠的信徒」，並因此授予她這頂作為佐證的王冠。

chapter

40

享有財產處置權的
自由女性

當一個女人進入遲暮之年，大限將至，即將開始在另一個世界的旅程，她會回首往事，同時也設想未來。對於諾納赫特（Naunakhté）[156]夫人來說，「過去」是指她在底比斯西岸的德赫勒－梅迪納村莊度過漫長一生的那些回憶——這裡是負責修建帝王谷陵墓群的工匠們聚居之地；至於「未來」，指的是她打算留下一筆可觀遺產給她的孩子們。這是她一開始的計劃，也符合基本邏輯。

在拉美西斯五世在位的第五年，埃及得以休養生息。數年前，拉美西斯三世還不得不進行陸地和海上的戰役，以抵禦「海上民族」新一波的攻擊，憑藉高明的戰術指揮和埃及軍隊無畏的勇氣，拉美西斯三世給了入侵者迎頭痛擊。

國家的憂患消除了，諾納赫特夫人終於可以關注於自己的家庭問題了。按照她自己的表述[157]，她是「法老國度中的自由女性」，這是她對自己的存在價值做出的重要評價。

諾納赫特夫人對八個人有撫育之恩，包括她的子女和家人。擺在眼前的問題是，是誰「把自己的手放在她的手上」，換句話說，誰在她身處困境的時候伸出了援手？

156 該詞意為「強大的城市」。

157 J. Černy, « The Will of Naunakhte », *JEA 31*, 1945, p. 29 *sq.*

諾納赫特夫人一直都很仁慈，每當別人向她求助時，她從不拒絕。她的子女能住在一所舒適的房子裡，也多虧了她。然而若要說投桃報李，情況卻遠不及預期。子女中有哪一個願意照顧一名令人生厭的老婦人呢？

因此，她不得不進行痛苦的思考。沒有法律能強迫諾納赫特必須把財產贈予她的子女。作為一個自由女性，她和其他埃及女性一樣，可以依照自己的意願處置財產，這是自埃及文明起源之時就存在的慣例：無論單身、已婚、再婚或寡居，女人們有權保有自己的財產，可以任意處置，並且能夠決定財產分配方案。

這位年邁的老婦人是失望的，也是清醒的，她不得不接受現實：對於她的恩德，她的子女卻以忘恩負義作為回報。他們狂妄地以為這種行為不會得到報應，因為他們認為母親太過羸弱，不敢剝奪子女的繼承權。

他們太不了解諾納赫特了。她找來一個證人，並發表聲明：「對於照顧我的人，我將贈予他我的一部分財產；對於輕視我的人，我什麼都不會留給他。」

結果，四個薄情寡義的子女被剝奪了繼承權，不僅如此，很有可能他們的父親——一個文官——也和母親態度一致。實際上，無論他的意見如何，他都無權處置妻子的財產。

幾個忠心耿耿的工匠反而得到回報，其中一人得到了一個銀質水壺，價值相當於十餘袋穀子。子女對此不得提出異議，因為他們的母親獲得了法庭明確的裁決：「諾納赫特夫人就其財產做出的遺囑真實有效。」法老統治時期的女權自由確實所言不虛。

chapter

41

臨危受命的女歌者

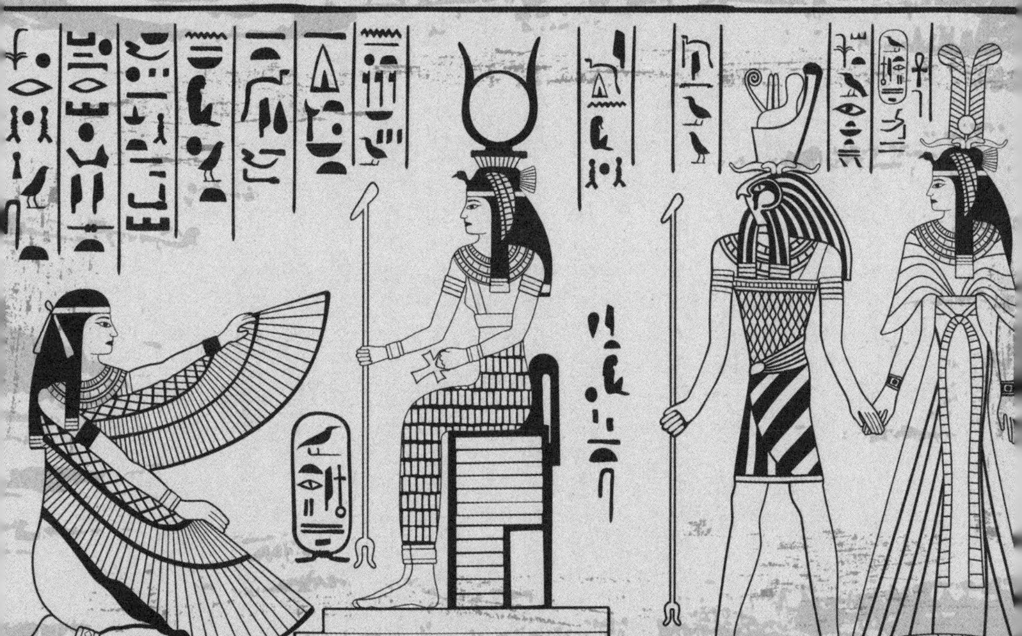

拉美西斯十一世是這一漫長王朝的最後一個法老。王朝的沒落終結於經濟危機的爆發，隨後利比亞和努比亞裔的君主登上了王位。然而，在拉美西斯末代法老掌權的第十二年，即大約西元前一〇八六年，埃及國內儘管存在經濟動盪，但仍處於和平安定之中。

埃努－塔烏伊（Hénout-Taouy）夫人有很多煩惱，然而，按常理來說，這個底比斯女人生活無憂。她在法庭任職，負責一些慶典活動的管理工作，這類活動相當頻繁；此外，她還有神職在身，是在神廟為阿蒙神獻唱的歌者。她的丈夫奈斯－阿美尼佩特（Nès-Amènipet）是一位文官，負責皇家陵墓的維護和德爾埃勒－梅迪納赫村工匠們的糧食供給。這些工匠要求很高，若是糧食供給的時間被耽擱了，一定會嚴厲投訴他——作為對工匠們辛勤付出的回報，國家為他們的生活提供保障，令他們衣食無憂。

一批為工匠們準備的糧食即將抵達底比斯港。和往常一樣，文官本應親自到碼頭檢查這批貨物的數量和品質，然而，突然來了一道命令，國王召令文官離開底比斯去遠方執行公務，身為官員，奈斯－阿美尼佩特無法拒絕這趟公差，否則就會影響職業前途。

因此，他必須找一個謹慎細心、正直誠實的人代替他完成任務。奈斯－阿美尼佩特想到了他的妻子埃努－塔烏伊。作為阿蒙神的歌者，她在神職領域不是也執行過不少公務嗎？負責照料德爾埃勒－梅迪納赫村和居住在那裡的工匠們，這是一項非常嚴肅的任務，奈斯－阿美尼佩特沒有把任務委託給同事，而是求助於妻子。考慮到這項臨時交托的任務困難重重，而且責任重大，她會甘冒風險接受任務嗎？

這個埃及女人不是一個受限於居家生活、遠離公共事務的柔弱女子，卻能協助她的丈夫，並且贏得他的信任。

丈夫出差了，埃努－塔烏伊自己去底比斯港口迎接船長。船上裝載著供給德爾埃勒－梅迪納赫村工匠們的糧食。她沒有寒暄太多，而是在履行簽收手續之前親自檢查貨物。

結果出人意料而且令人不快！糧食的數量遠遠少於預期。可以想像對方無力的爭辯和令人尷尬的解釋，目的不過是希望埃努－塔烏伊網開一面，或者至少保持緘默。可惜他們白費力氣了，因為埃努－塔烏伊要求展開深入調查，以確定誰該為這次失誤負責，或者說得嚴重點，這是一次貪污事件。人們相信她能秉公決斷，圓滿地處理此事。

埃努－塔烏伊履行了應盡的職責，將糧食督運到工匠們居住的村莊，工匠們對她的能力交口稱讚，在回到底比斯之後，她的丈夫對她也是讚譽有加。

chapter

42

如果我收養我的愛妻？

我們仍處在拉美西斯十一世時期。這一次，我們要了解的是某個城市[158]中的馬廄頭領奈布奈斐爾（Nebnéfer）的痛苦。奈布奈斐爾的工作報酬豐厚，還有一位深愛他的妻子那奈斐爾（Nanéfer）。夫妻二人過著幸福平靜的生活。值得一提的是，這對夫婦名字中都有「奈斐爾」，其中的含義之一是「善良」，這在他們以後的經歷中將會有所展現。

這對夫婦沒有子女，這點並不會損及名譽。和許多著作中闡述的內容相反，古埃及人對於子孫興旺並沒有執念[159]。不僅如此，我們還知道，節育和優生是他們常見的做法：「在埃及文明中，世俗生活和宗教信仰之間的聯繫牢不可破，令人驚訝的是，在這樣的社會中存在著節育和流產的措施。然而，在我們引述的文本中的確證實了對上述方法的使用。這似乎可以解釋為女性擁有重要地位。在古埃及，女性的社會地位，無可置疑的法律地位，對文化生活

158 塞佩爾美魯（Sepermerou）即為今天的巴納薩（Bahnasa）。A. H. Gardiner, « A Dynasty XX deed of Adoption », *JEA 26*, 1960, p. 23 *sq.* ; E. Cruz-Uribe, « A new look at the Adoption Papyrus », *JEA 74*, 1988, pp. 220-223 ; C. J. Eyre, « The Adoption Papyrus in Social Context », *JEA 78*, 1992, pp. 207-221.

159 詳見本書〈父親的姊妹式婚姻〉一章中提到的第九條箴言。

的參與，擔任先知、醫生以及祭司等重要職務，這些使她們成為真正掌握生育控制的人。」[160]

也許，奈布奈斐爾比他的妻子年長不少，或者他身體不好，總之，他開始為自己死後將成為寡婦的妻子謀劃未來。對於他的妻子，我們所知寥寥；她在神廟中負責禮儀工作，擔任令人生畏的賽特神的歌者，賽特性情暴烈，有時需要用女性的聲音來安撫。

但是，奈布奈斐爾為何如此憂心忡忡？原因很簡單也很平凡：他害怕家族中的其他成員貪婪難纏，反對他留下的有利於妻子的遺囑。採取什麼樣的方法才能使她免受騷擾或敲詐呢？

「收養」……這是一個很恰當的表述！雖然那奈斐爾是他的妻子，她也可以變成……他的女兒！這樣一來，她的法律地位將得以鞏固，這位寡婦所擁有的「雙重繼承人」身分將不可侵犯。

相關手續想必非常嚴格。奈布奈斐爾召集了一位專門負責司法事務的文官和多名證人。證人包括四名擔任馬廄首領的同事、兩名軍人和幾位女士，其中一位女士是賽特神的歌者。作為擔保人，他們要證明年邁的丈夫所表達的意願清晰、明確，並依法定程序將其意願寫入

160 R.- A. Jean et A.- M. Loyrette, *Encyclopédie de l'univers végétal*, II, Montpellier, 2001, p. 537 *sq.*

遺囑中：他收養那奈斐爾，使她成為法定的遺囑受益人，繼承他所有的財產。

在這位深情而仁慈的丈夫去世後的十八年裡，那奈斐爾依然活得很好，權益沒有受到任何侵犯。她的行為也證明她是一名慷慨仁慈的女性，擁有高尚的靈魂，她將自己繼承的財產分給在她寡居的艱難日子裡依然留在她身邊的親友，因為那奈斐爾始終沒有再嫁，宛如她的丈夫依舊在世一樣。

兩個人成為她慷慨饋贈的對象：她的小弟弟帕迪烏（Padiou）和她的女僕，後者是一個男孩和兩個女孩的母親，而帕迪烏愛上了女僕的大女兒。聽從心的指引，也出於對丈夫的緬懷，寡居的女人收養了她的弟弟，並把財產贈予他，使他可以和女僕的大女兒過上幸福的日子。

chapter

43

神之樂師

被稱為「衰落的埃及」時期始於第二十一王朝。那時的埃及，國家仍然擁有獨立主權，儘管內亂和動盪十分嚴重，但經濟仍未癱瘓。輝煌的底比斯依舊富裕殷實，守護著傳統，而在遠離底比斯的下埃及和尼羅河三角洲地區，外部勢力則日漸滲入這個國家。

有相當數量的重要文獻來自這一時期，其中包括阿蒙神的女歌者埃魯本（Herouben）的莎草紙卷。關於這位侍奉神的樂師，我們對於她的世俗身分無從知曉，但是可以透過這份無與倫比文獻中的圖像，了解她所參與的其中一個儀式的場景。

歌者埃魯本跪在一個象徵著她所遵從的法則的臺座上，接受兩位神祇洗禮，他們分別是王權的保護者荷魯斯和智慧之神托特。他們的水瓶中傾倒出的不是水，而是寓意為「生命」和「成長」的象形文字符號。

其實，這種符號體系發源於王室。在舉行喚醒神的力量的儀式之前，法老所接受的正是同樣的洗禮，這意味著，這位以她的主人大王后為榜樣的女樂師和法老一樣洞悉了至高的奧祕。[161]

埃魯本的職責是什麼呢？在古埃及，音樂無處不在，深入人們的日常生活和神廟的活動中。樂師的笛聲伴隨著農民的勞作，任何一個社會活動的重要時間點，例如收穫葡萄的季節，都離不開音樂。歌唱、舞蹈和音樂演奏使可怕的雌獅平靜下來，令溫柔的女神哈托爾恢復原形，並且使孕育生命力量的尼羅河河水高漲。在冬天的第四個月的第一天，女神的女樂師們離開神廟，到城市和村莊中列隊演奏，歌頌她們神聖的主人。就像在宴會上或其他歡慶活動中一樣，她們在這種場合會使用豐富多樣的樂器，例如豎琴、魯特琴、齊特拉琴、里拉琴、鼓、響板……

她們的首要任務是透過傳播美妙的聲音，驅逐邪惡與不和諧。為了達到這個目的，能夠發出連續金屬音的叉鈴[162]發揮了關鍵作用，在搖動叉鈴的同時，哈托爾的女樂師們驅散了黑

161 一些著作仍然認為，部分人，甚至一些法老，「竊取」了前人的成果。如果說有某個詞在埃及學中被用得過分了，那就是「竊取」這個詞。埃魯本沒有竊取儀式，她只是親身經歷了儀式。沒有一個埃及法老「竊取」先輩的建築和雕塑，他們只是透過自身才華和能力使其重獲生機。

162 叉鈴由一個長柄組成，頂端呈橢圓形，上面穿孔，孔中穿著一些可移動的杆。

暗。從基督教時代的最初幾個世紀，到菲萊島上最後一個伊西絲的信徒團體被屠戮，叉鈴始終被廣泛使用，用來驅邪避魔。

正如莫札特的歌劇《魔笛》中所表現的，一對夫婦領悟了伊西絲和歐西理斯神的奧祕，音樂戰勝了死亡。古埃及人對此堅信不疑，並且將音樂融入所有重大的儀式中，例如在法老重生的儀式上，會有兩名女性分別擔任樂師與歌手，這就是「兩個寵姬」（Les Deux aimées），意思是「被神所愛的人」，她們一邊歌唱一邊演奏豎琴，以便為法老王的重生注入活力，並讓新的太陽誕生。

一個雕塑的殘片為我們提供了絕佳的佐證，這是被稱為「女長者」的塞姆塞特（Semset）夫人的雕像殘片，看起來像在對凝視她的人這樣說：「你們看到我站在這裡，手持『美那特』項鍊[163]和鏡子。請代我禮敬神靈，為我獻上象徵生命的盛宴，記住我美麗的名字……因為我既是優秀的樂師，也是完美的女人，滿懷溫柔的愛意，備受讚譽與尊重，言辭明智又精妙，連眾神也欣賞與讚美。」[164]

163 復活的項鍊。

164 C. Zivie-Coche, « Mélanges F. Dunand », *Cenim* 9, 2014, p. 453 et 458, et note 81.

音樂為這位女性形塑了永恆的生命，連同她的丈夫和子女一起。那些被召喚到神廟參與宗教儀式的後輩女性樂師傳承了她的記憶，永誌不忘。

chapter

44

一個女性王朝：女祭司

在侍奉阿蒙神長達七十年之後，第十一任女祭司開始感到歲月不饒人。她的名字對我們來說有點複雜：安克赫娜斯－奈菲里布雷（Ânkhnes-Néferibrê，以下簡稱安克赫娜斯），意為「願法老為她而活，神聖光明的完美之心」，但這個名字確實反映了這位偉大女性希望為她的職位賦予的精神價值

安克赫娜斯[165]屬於一個特殊的女性群體：這個群體出現於西元前一千年，在近半個世紀的時間裡，統轄富饒的底比斯地區，管理著這一地區的神廟，包括宏偉的卡納克神廟，這是法老賦予她們的權力。十二任女祭司執掌過這個職位，其中幾位甚至執掌了相當長的時間。

在生命垂暮之際，這個垂垂老矣的女人難道沒有回想過她即位時那個難忘的日子？當時在位的女祭司，又被稱為「母親」，挑選了她作為繼承者，也就是「女兒」，兩者之間並沒有世俗意義上的血緣關係。直至生命結束之前，「母親」要引領「女兒」了解她所擔負的重要職責之奧祕，並給予她必要的建議。

作為國王普薩美提克二世的女兒，年輕的安克赫娜斯由年邁的第十任女祭司尼托克麗絲

165 她位列十二女祭司之一，詳見*LdÄ II, 792 sq.*

透過儀式「收養」；西元前五九四年，尼托克麗絲為她的繼承者打開了阿蒙神廟的大門。無論就宗教還是世俗意義上來說，這座神廟都將由新的女祭司管理。

安克赫娜斯是「偉大的歌者、手持鮮花的女子、阿蒙神信眾的領袖」。她成為偉大的祭司，領導著所有男性和女性神職人員。在她的即位儀式上，有很多達官顯貴出席，安克赫娜斯接受了屬於她的禮服和飾物。她戴著以鷹為造型的頭飾，這代表著「母親」穆特女神，額前裝飾著雌性眼鏡蛇造型，身穿緊身長裙，裙上的雙翼圍繞著下半身，頸上和手臂上戴著碩大的項鍊和黃金手鐲。她的傾國之姿足以配得上阿蒙神新任妻子的身分，而她的天籟之聲，在唱起頌揚阿蒙神榮光的聖歌時顯得格外動人！[166]

正如我們所見，「阿蒙神的妻子」制度始創於王后雅赫摩斯－奈菲爾塔利，在女祭司族群時代達到巔峰。女祭司們既無須是處子，也不必獨身，但她們只有一個丈夫——阿蒙－拉。她們的使命是在世間彰顯神的存在，布施他的恩德，並贏得神的眷顧。阿蒙神雙手置於妻子身上，親自將力量傳遞給她。他賜予她生命的呼吸，她以高貴的姿態擁抱他。他們具有象徵

166 這段描述源於另一個女祭司卡羅瑪瑪（Karomama）的鍍金銅像，商博良非常喜愛這件藝術品，將它帶回到羅浮宮收藏。

意義的結合孕育了底比斯的繁榮。女祭司宣稱自己是陽光普照的天下君主，她護佑世間萬物生長，她的名字和法老的名字一樣，銘刻在紀念碑的橢圓形裝飾框中，這個或長或扁的橢圓形象徵著宇宙。阿蒙神的妻子是創世之火的化身，執行瑪阿特法則。[167]

在交出重擔九年之後，尼托克麗絲離開了人世。安克赫娜斯成為她「母親」所修復的女祭司神殿的唯一所有者，從此，她獨自負責所轄土地上的農耕活動。一個可媲美國王的「卡」的大總管負責管理這份龐大財產，用以供養神職人員。

女祭司們深受百姓愛戴。她們維護著底比斯的安定與繁榮。在這個富有的地區，遠離北部動亂的百姓們非常重視傳統，怎麼會不把女祭司們視若法老呢？

她們供奉祭品，主持奠基儀式，在卡納克神廟和梅迪內特哈布建造禮拜堂，舉行歐西理斯的復活儀式。她們在四個方位射箭以聖化神殿，把自己裝扮成獅身人面像的樣子，將代表光明的敵人的小塑像投入火盆中燃燒，並繫上護身符以驅避邪魔。儘管她們享有王室所有特

167 創世主神阿圖姆創造了一對夫婦，代表生命和光明之風的神休（Chou）和代表創世之火和宇宙法則（瑪阿特）的特夫納（Tefnout）。然而，女祭司完成的儀式就好像是「第一次與特夫納對立」。詳見J. Leclant, « Tefnout et les Divines Adoratrices thébaines », *MDIAK XV*, pp. 166-171.

權，但無論是安克赫娜斯或其他女祭司都不會僭越在位的法老。她們的權力僅在底比斯地區行使，十二任女祭司中，沒有一個人企圖越過這個地域的界限。

安克赫娜斯的陵墓很早就準備好了。她命人在自己的石棺[168]上鐫刻可追溯至古王國時期的銘文，以證明她至高無上的精神地位。

當她到了垂暮之年，回憶起自己以阿蒙神侍者的身分度過漫長平靜的一生，她做出了自然而然的決定：收養一個女兒，把自己的使命和經驗都傳承給她。被選中的是阿美西斯法老的女兒，也叫尼托克麗絲，和安克赫娜斯的「母親」有著同樣的名字。

她能預感到自己將是第十二任、也是最後一任女祭司嗎？並不是埃及法老終結了這一女性王朝，而是波斯人入侵底比斯地區並大肆劫掠，導致此一祭司制度消亡。西元前五二五年，波斯人蜂擁而至之時，安克赫娜斯很可能已經去世了。然而，面對波斯人，那位也名叫尼托克麗絲的女祭司的結局，恐怕十分悲慘。

168 一八三二年，法國的考古人員發現了石棺，卻沒有得到學術界權威的認可。相反地，倫敦大英博物館判定這個石棺確實屬於安克赫娜斯。波斯人侵入了這位女祭司最後的長眠之地，燒毀了她的木乃伊，但是關於她的種種深藏在石棺上的文字中，隨著石棺得以倖存於世。

chapter

45

「圓滿之年」，智者的妻子

在所有具有標誌意義的埃及遺址中，赫爾莫波利斯城（Hermoplis）的遺址——托特神聖城，地位非常特殊。可惜的是，聖城只殘存了少得可憐的遺跡，為了智慧之神和文官主宰托特神所建造的巨大神廟也完全被毀了。然而，在聖城不遠處，圖納埃爾－加貝爾（Tounahel-Gebel）陵墓群裡保存著一座舉世無雙且完好的建築——佩托西里斯（Petosiris）[169]的陵墓。這位托特神的大祭司經歷了發生於上下埃及的侵略戰爭，他所在的地區也未能倖免。

被占領了一百二十五年後，埃及人終於成功趕走了波斯人，於西元前四〇五年重新獲得獨立。在此之後，三個王朝[170]的綿延令法老的子民重新燃起希望。可是，他們忘了，作為伊朗人的祖先，波斯人以不屈不撓和好鬥尚武聞名。西元前三四二年，波斯人捲土重來，最後一任法老內克塔內布二世（Nectanébo II）被打敗了。波斯人展開了第二次占領行動，比第一次更具破壞性，且毫不留情。

像是一場漫長的噩夢，勝利者意圖一舉摧毀法老們的埃及，毫不猶豫地掠奪和破壞所有

169 他名字的意思是「歐西理斯所生」之男人。關於他的陵墓中的文字和圖畫出版物，詳見G. Lefebvre, *Le Tombeau de Pétosiris*, réimpression 2007, Institut français d’archéologie orientale du Caire.

170 第十八王朝、第十九王朝和第二十王朝。

神廟。

儘管遭到貶黜和侮辱，佩托西里斯還是保住了他的祭司職位，並且維持著最低限度的宗教活動。不久以後，在西元前三三三年發生了一個奇蹟：一名希臘人——亞歷山大大帝，成功地打敗了波斯帝國！在埃及，他被當作救世主並受到歡迎，但是為了坐上法老的王位，他不得不向這個國家的習俗和傳統低頭，以獲得長久的和平。

誠然，從那以後，上下埃及都受轄於同一個希臘首都——亞歷山大城。在亞歷山大大帝之後，希臘的君主們在埃及建立了托勒密王朝。儘管如此，自由之風依然吹拂著埃及，波斯人被驅逐的事實卸下了人們心頭的重負。

佩托西里斯充滿熱情地重新投入工作。他的任務可能超乎尋常：修復神殿，恢復聖湖和聖山的昔日榮光，讓神職人員各歸其位，恢復節日慶典活動，尋回占領期間遺失的典籍，重建圖書館。

佩托西里斯並不是孤軍奮戰，在他身邊有一位了不起的妻子。她喜歡身著輕盈飄逸的祭服，佩戴黃金項圈和手鐲。她名叫朗佩特－內菲萊特（Renpet-Neferet），意思是「圓滿之年」。當埃及人和他們的孩子又能夠舉行慶祝新年的儀式時，他們感到由衷的滿足！

在勸誡人民遵守瑪阿特法則、跟隨神之指引的同時，祭司夫婦決定建造一處家族陵墓。從外部看，這座陵墓像是一座規模小巧的神廟。這座建築令人稱奇，堪稱歷史的見證，因為它融合了希臘和埃及兩種不同的風格。

在陵墓外部，能看到從金字塔時代延續下來的經典場景：農耕、畜牧、葡萄收穫、勞作中的金銀工匠和細木工匠，還有關於亞麻採摘和香料經營藝術的場景。這些場景是「希臘式」的，而靈感的來源卻是「埃及式」的。

在陵墓內部，恰恰相反，看不到一絲一毫對所處時代風氣的妥協，傳統的文字和圖畫描繪了家族成員受諸神迎接的場面，以及他們脫離肉體的靈魂進入天國的景象。一位智者——應該就是指佩托西里斯本人——與其他的智者相聚在一起了。據他所說的智慧箴言，一個人的所作所為，如同契約，最終必將履行；像他一樣，要通過死亡的考驗、抵達西方淨土，必須為人正直、恪守瑪阿特法則。

佩托西里斯的妻子朗佩特－內菲萊特[171]不負使命，就像許許多多埃及女性一樣，她的角色

171 一位被當作聖人的女性，在上埃及第九省被尊為神。關於 Oudjarenes，詳見 *RdE* 46, 1995, 55 *sq.*

非常明確。在家族陵墓中，一段文字描寫了深愛她的丈夫欣賞妻子的所有美德，字裡行間蘊含著對她的尊重和深情厚誼，這也是法老時代對女性形象的精確描述：

> 他的妻子是優雅的主人；她溫柔似水，談吐得體，能言善道，能寫出箴言妙語；凡從她口中所出，無不合乎瑪阿特法則；她是完美的女人，於所居之處遍施恩惠，扶助他人；凡她所言，必是良言，合心順意，無人不喜；聽她所言，不聞邪穢；她為眾人所愛戴，她的名字是朗佩特－內菲萊特，意為「圓滿之年」。[172]

172 銘文58，8-12（勒費弗爾譯）。

chapter

46

受監護的埃及女性

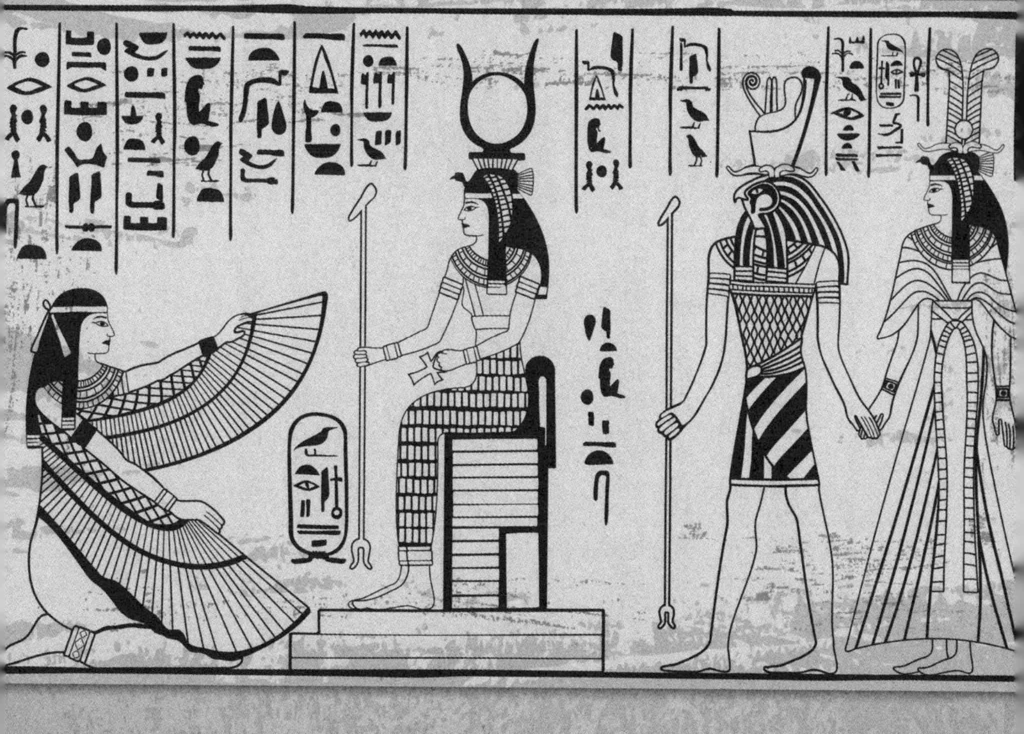

誠然，其他章節的內容寫起來更讓人心情舒暢，但我們不能迴避事實。在西元前二世紀，一個埃及女性[173]的經歷反映了發生在埃及人與希臘人之間的分裂，也標誌著埃及開始沒落。

阿波羅妮婭（Apollonia）是一個希臘女人，她的父親是一名士兵，她取了一個埃及名字——塞尼特－孟圖（Sénet-Montou），意為「孟圖的姊妹」，是在戰爭中武裝法老臂膀、保護底比斯安全的鷹神。如同托勒密王朝統治下的許多人一樣，她的身上體現出兩種文化。阿波羅妮婭生活在阿蒙城南邊的一個村莊裡，她已經習慣了埃及人的生活方式，包括女性享有的自由以及職業生涯和法律上的獨立地位。由於遠離希臘世界的壓迫，她有幸感受到一種全新的生存狀態。

二十多歲時，阿波羅妮婭嫁給了德里頓（Dryton），一名四十歲左右的騎兵軍官，他是帶著一個男孩的單身父親，他們締結了婚約。根據古埃及的法律，年輕女子對於她在結婚前已持有的財產和婚後所得財產擁有永久所有權。阿波羅妮婭並不貧窮，她的父親留給她很多土地。而且，她還是一個有商業頭腦的女人。她透過把自己的土地租出去一部分或者放貸獲取

173 S. B. Pomeroy, *Apollonia (also called Senmonthis), wife of Dryton : woman of two cultures : paper delivered at the colloquium on « Social History and the Papyri »*, Columbia University, 9 avril 1983.

收益。這在法老的國度並不稀奇。在這裡，女性做生意是司空見慣的事，女性的經濟獨立也得到保障。

但是，在托勒密王朝，埃及的新主人是希臘人。上述情況讓希臘人主宰的統治階級很不喜歡，他們擁有政治和軍事上的統治權，於是慢慢地修訂法律，將女性享有的權利逐一廢除。[174]

在結婚二十四年後，德里頓動了剝奪妻子權利的念頭。阿波羅妮婭並不擔憂，他這種典型的希臘式行徑難道不是非法的嗎？可嘆的是，她的樂觀主義已然不合時宜，有一種觀念開始占據上風：女性擁有財產的所有權和支配權是不正當的。一個不利於阿波羅妮婭的陰謀開始醞釀，這一次，她丈夫的企圖得逞了。阿波羅妮婭失去了法律意義上的自主權，受制於托勒密王朝新的法律，她必須受到監管。從此以後，對於一個女人來說，她再也不可能在文件上簽上自己的名字，或是獨立管理自己的財產。她必須有一位法定監護人，大多數時候這個人會是她的丈夫。他可依他的名義行事，而且是家庭所有財產的唯一所有者。

174 托勒密王朝的菲洛派特（Philopator）強行使女性的所有法律和商業行為必須受到監護人監管。

希臘式思維占了上風。女性不再享有與男性平等的地位，而是變得低人一等，被當作孩子一樣必須受「保護」。基督教和伊斯蘭教都沒改變這種與法老時代的埃及法令背道而馳的新規。

在托勒密王朝統治下，阿波羅妮婭是最後一批獨立的女商人。她的失敗為和她一樣的人帶來了沉重的打擊。由於這次失利，法老時代的埃及最重要的一種價值觀消失了。

chapter

47

最後的法老：克麗奧佩脫拉

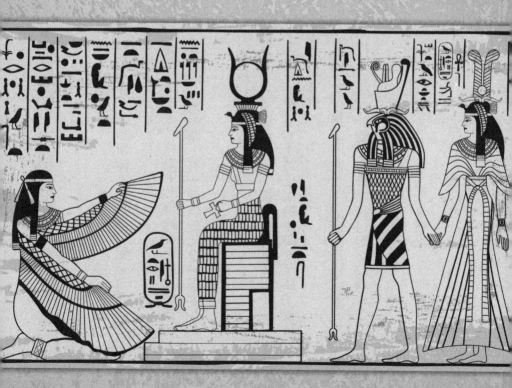

克麗奧佩脫拉是何人？這個問題聽起來可能很奇怪，因為所有人都自認為對這位古文明史上的顯赫人物非常了解，一部美國電影《埃及豔后》（*Cleopatra*, 1963）[175]甚至讓她成了「電影明星」。然而，雖然我們相信她是出生於西元前六十年，且作為第七位擁有克麗奧佩脫拉（Cléopâtre）這個名字——意思是「父親之榮耀」——的人，但是，有一派理論認為她並非托勒密十二世的女兒，而是一名埃及祭司之女。

為什麼會有這種假設呢？因為這位希臘女子的所作所為如同一個真正的埃及女人，她被證實為埃及最後一位法老。值得注意的是，自第二次被波斯人占領之後，埃及就失去了獨立主權，而這個女子為了恢復埃及主權，發動了最後一場戰爭。女神伊西絲激勵她選擇了這樣的命運，並為她立起最後一道屏障，對抗敵對勢力的排擠。

美麗的克麗奧佩脫拉是否因擁有希臘式的高鼻子而苦惱？未必如此。根據古代史料記載，她不僅十分迷人，而且很有修養。這位公主的特別之處在於她經常離開自己的宮殿前往亞歷山大城圖書館並流連其中，她還掌握多種語言，包括埃及語。

175 編按：指好萊塢一九六三年的電影《埃及豔后》（*Cleopatra*），由伊莉莎白・泰勒主演，風靡全世界，也讓「克麗奧佩脫拉」成為最廣為人知的古埃及人物。

一個大膽的想法經常在這名年輕女子的頭腦中縈繞：她不僅要統治、管理埃及，而且要讓這個國家重拾往日的輝煌，重新躋身強國之列。但是，在驕奢淫逸的父親糟糕的統治下，國家日漸衰微，幾乎淪為羅馬人垂手可得的獵物。在這種形勢之下，她要如何實現自己的夢想呢？何況，克麗奧佩脫拉面對的困難遠不止這些：她並不受亞歷山大腐敗宮廷的歡迎和喜愛，他們更願意扶持一個易於操控的少年——她的弟弟托勒密十三世。為了逃避必然發生的刺殺，年輕的克麗奧佩脫拉不得不接受流放，實現夢想的機會變得十分渺茫。

克麗奧佩脫拉開始反抗，她建立了一支由雇傭兵組成的軍隊，並親自指揮，好運開始眷顧她。

凱撒大帝將對手龐培的軍團消滅殆盡，橫跨地中海追擊他直至亞歷山大城。他本想在這裡捉住龐培並押送回羅馬。然而，為了取悅凱撒，托勒密小國王的幕僚們向他獻出了龐培的項上人頭。凱撒流下了眼淚，他對這些儒夫的行徑十分不滿。

凱撒是一個性格複雜的人。他無疑是一個鐵面無情的軍隊首領，但他也擔任維納斯神的祭司，很有修養，醉心於星相學，渴望將強大的羅馬帶向巔峰。

克麗奧佩脫拉決定走一步險棋：她違反安全禁令，返回了亞歷山大城，以一種意想不到的方式貿然出現在凱撒面前。隨後就發生了著名的地毯事件：有人將一張地毯在勝利者凱撒的腳下鋪開，他赫然發現地毯中出現了一位優雅的年輕女子，這件事確有真實的歷史背景。這次本不可能發生的會面演變為兩人的一見鍾情。

在愛情和政治抱負的雙重作用下，這對戀人為即將實現各自國家的遠大理想感到興奮不已。在亞歷山大城一戰中，凱撒險些喪生，圖書館付之一炬，克麗奧佩脫拉終於擺脫了她的政敵，登上法老之位，開始獨立統治上下埃及。

克麗奧佩脫拉帶著凱撒遍遊埃及國土，出資修建了偉大的丹德拉神廟[176]（Temple de Dendera），誕下了凱撒・里昂。他是凱撒的兒子，也是未來的法老。在西元前四十六年，克麗奧佩脫拉的夢想已初步實現，她受邀前往羅馬，此行目標非常明確：使凱撒和克麗奧佩脫拉的結合合法化，前者統治西方，後者統治東方。這樣一來，古老的法老國度將重獲新生了！

然而，這個埃及女子沒能取悅羅馬的政客們。他們對於讓一個外國女人登上權力巔峰持敵對態度。西元前四十四年三月十五日，凱撒遇刺身亡。克麗奧佩脫拉失去了最強而有力的

176 我於二〇一二年在巴黎 XO Editions 出版社出版的《克麗奧佩脫拉最後的夢想》（*Le Dernier Rêve de Cléopâtre*）一書中提到過這一時期。

支持，擔心遭遇同樣的命運，她只能返回埃及。

勝利當前，卻功虧一簣。當然，她的國家重新獲得了一定程度的獨立主權，但是不能得罪羅馬。對於凱撒王位的繼承，競爭非常激烈，克麗奧佩脫拉必須選擇一個盟友。既然她曾經征服過凱撒的心，那麼她決定誘惑另一位偉大的戰士，他就是立下赫赫戰功的馬克・安東尼（Marc Antoine）。兩人的會面安排在一個中立之地——塔爾蘇斯（Tarse），會面的情景在希臘作家普魯塔克（Plutarque）的記述中可見一斑：克麗奧佩脫拉乘船沿德諾斯河逆流而上。她的船尾樓用黃金包鑲，船上掛著紫色的帆，船槳是銀質的。在笛子、里拉琴和蘆笛的樂聲伴奏下，船槳有節奏地划動。克麗奧佩脫拉打扮成愛神阿芙蘿黛蒂的樣子，安臥於繡著金線的帳中；一些幼童裝扮成畫中的小愛神模樣，圍繞在她身邊，為她輕搖羽扇；她的侍女個個天香國色，裝扮成海仙女和美惠三女神的模樣，或掌舵搖槳，或解纜升帆。船上香料燃燒的香氣飄散到兩岸，引來觀者如潮。

正如人們所推斷的一樣：這不是一場簡單的世俗表演，或是僅為了迷惑一個羅馬男人而做的一場秀。

暫且不論她的奢華排場，克麗奧佩脫拉的表現有另一層含義：她的出場代表著她的保護女神伊西絲的出場，她來找尋她的伴侶歐西理斯，也就是馬克・安東尼。一切如願以償！愛情、宗教和政治融為一體。克麗奧佩脫拉，新的伊西絲女神，將在皈依埃及的羅馬男人輔佐下，令埃及重生。

她的意願非常明顯，因為她接受了好幾個古老的王銜，以證明自己女法老王的地位：「北方和南方的女君主、人間的統治者、荷魯斯的女性化身。」在丹德拉，克麗奧佩脫拉以伊西絲－哈托爾的形象出現，身邊伴著她的兒子——小荷魯斯。不知雕塑家為她塑像的時候，她本人是否在場？

她難道只是一個耽於享樂和飲宴的女人嗎？當然不是。克麗奧佩脫拉是一名能治國理政的女子。她推行貨幣改革，穩固國家經濟，擴充軍隊編制。而且，她的身邊不是還有最優秀的戰略家——馬克・安東尼嗎？

錯就錯在她選了安東尼。但是，埃及的最後一任女王可有選擇的餘地？教條僵化的屋大維永遠都不可能拜倒在她的石榴裙下。

儘管經歷了最初的失敗和羅馬的持續監管，克麗奧佩脫拉並未退縮，而是鼓動馬克・安東尼不要屈從於屋大維的命令。為了扭轉局勢，她宣布成立東方帝國，埃及則是帝國核心。

換句話說，這是公開向屋大維下戰書。

當她和馬克・安東尼指揮的一場海戰獲勝之後，克麗奧佩脫拉堅信能獲得最終勝利。她的艦隊難道不比羅馬人的艦隊更具優勢嗎？西元前三十一年，雙方在亞克興角展開了一場決定性的戰役。一切和預期的大相逕庭，由於馬克・安東尼的無能，軍隊作戰效率低下，士兵紀律散漫、臨陣脫逃……屋大維贏了。

他們沒有退路了。馬克・安東尼自殺了。至於克麗奧佩脫拉，她知道自己的理想已然破滅，埃及將淪為羅馬統治下的一部分。她選擇了一種配得上法老身分的方式了結自己的生命——通常出現在埃及國王額頭的雌眼鏡蛇，沒有噴射火焰摧毀敵人，而是掉頭攻擊了自己的女主人[177]。法老時代的埃及，一個自由獨立的國度，就此消失。

177 J. A. Josephson, « A Variant Type of the Uræus in the Late Period », *JARCE* 29, 1992, pp. 123-130.

結語

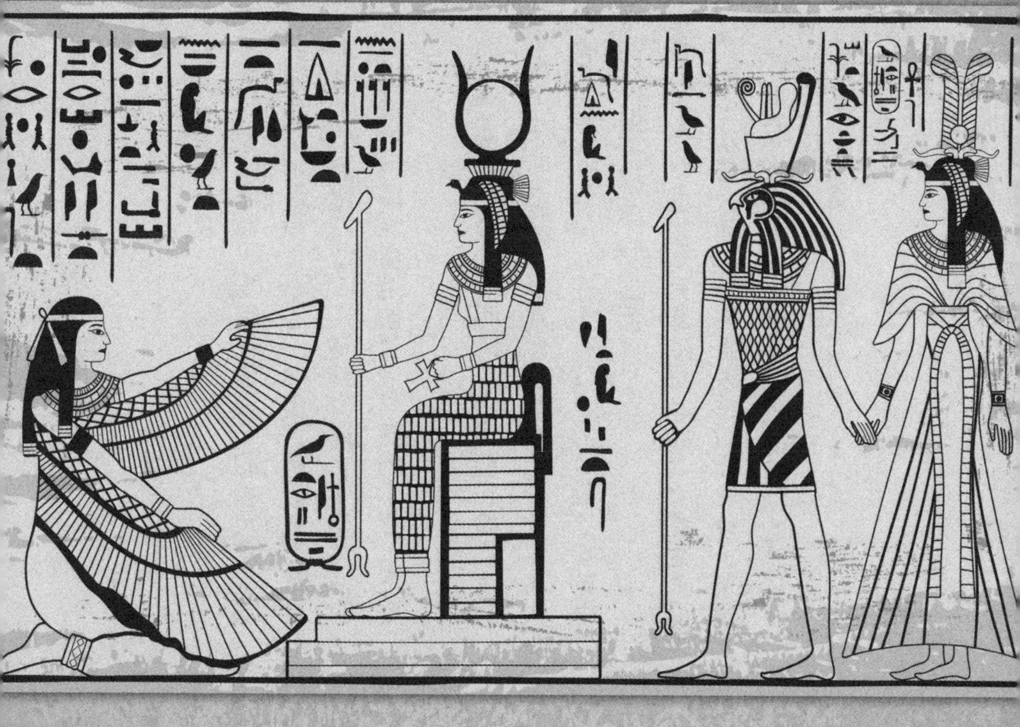

有一座花崗岩質地、八十三公分高、第三王朝時期的雕像，是現存最古老的埃及女性雕像[178]。也許未來的考古發現能讓我們見到更古老的雕像。雷迪伊呈坐姿，頭戴宗教儀式上常見的假髮，讓我們立刻聯想到一個詞語：高貴。無論她的職位高低，作為自由獨立埃及女性的祖先，她都值得永留史冊。埃及的女性無論位於國家權力巔峰還是做著最卑微的工作，都親手締造了一個舉世無雙的偉大文明。

在拉美西斯三世時期，瀏覽一幅紙莎草卷即可了解埃及女性享有的自由權利和她們受到的尊重：她們來去自由，可以去她們想去的任何地方，不受任何人干涉[179]。透過這些文本，人們發現，由法老制度統治的埃及賦予女性許多合法權益，無論是在第一次世界大戰之後的歐洲，還是在當今世界上大部分地區，都從未達到可以與之媲美的平等程度。

為什麼起源於近東的一神教宗教，比如基督教，對女性總是充滿敵意？因為女性迷人而美麗，所以被當作魔鬼和邪惡的使者。在埃及各地，基督教徒中有相當數量的狂熱分子毀壞女性形象的塑像，將塑像外表塗上一層石灰，以此抵禦這些美得令人神魂顛倒的尤物的誘惑。

178 都靈博物館藏品，詳見 A. M. Donadi Roveri, *Civilisation des Égyptiens, les arts de la célébration*, Milan, Electa, 1989, p. 99.

179《哈里斯莎草紙卷（一）》（*Papyrus Harris I*）, 79, 8-9 et 13.

伊斯蘭教也排斥任何女性形象的出現，因此入侵埃及的阿拉伯人造成的破壞不勝枚舉。

在古埃及，蛇被分為壞的與好的兩種。在後者中，就有代表豐收的眼鏡蛇女神和雌性眼鏡蛇。在法老們的額頭上，眼鏡蛇照亮黑暗，清除前行道路上的敵人。在基督教徒眼中，這條眼鏡蛇與伊西絲和哈托爾密不可分，是魔鬼的象徵和「邪惡女人」[180]的化身。在我們所處時代的最初幾個世紀，伊斯蘭教頑強抵制基督教的擴張，並且最終根除了基督教在埃及的勢力。這種獨斷的教義取代了伊西絲和歐西理斯的奧祕，而後者正是提倡用愛戰勝死亡。

對於女性來說，宗教的影響更為可怕。基督教早期的著名神學家特士良（Tertullien）明確指出，禁止女人在教堂交談、教習、洗禮、獻祭，或是進行其他宗教活動。女性在經濟上受到希臘人監管，在宗教裡的地位也低於男性。在法老時代，女性在宗教禮儀方面的地位舉足輕重，可以勝任最高級別的職位。

未來的某一天，女性是否能夠重新享有這些基本權利呢？在回顧了一些古埃及女性的故事之後，我們的旅程也進入尾聲。讓我們想像一下偉大的天空之神——努特。這位宇宙之母

180 M. -O. Jentel, « De la "Bonne Déesse" à la "Mauvaise Femme" : Quelques avatars du motif de la femme-serpent », *Échos du monde classique. Classical Views*, Calgary, 28, n° 2, 1984, pp. 283-289.

吞噬著星辰並吸收其能量，在她體內完成神祕的煉金過程後，每天早上創造出一個新的太陽。

是的，天空即女神，她的光芒孕育了所有生命。

附錄1　埃及各王朝編年表[181]

☥ 前王朝時期（西元前三三〇〇年—前三一五〇年）

☥ 早王朝時期（第一王朝至第二王朝，西元前三一五〇年—前二六九〇年）

☥ 古王國時期（第三王朝至第六王朝，西元前二六九〇年—前二一八一年）

第三王朝（西元前二六九〇年—前二六一三年）

【主要統治者】左塞爾（西元前二六七〇年—前二六五〇年）

第四王朝（西元前二六一三年—前二四九八年）

181 時間點僅為大略估算。時至今日，古埃及的年代紀錄法依然眾說紛紜，複雜難解。詳見 C. Jacq, *Initiation à l'égyptologie*, pp. 32-33.

【主要統治者】斯尼夫魯（西元前二六一三年－前二五八九年）
古夫（西元前二五八九年－前二五六六年）
哈夫拉（西元前二五五八年－前二五三二年）
孟卡拉（西元前二五三二年－前二五〇四年）

第五王朝（約西元前二五〇〇年－前二三四五年）

【主要統治者】烏瑟卡夫（西元前二五〇〇年－前二四九一年）
薩胡拉（西元前二四九一年－前二四七七年）
奈菲爾塔利（西元前二四七七年－前二四六七年）
烏納斯（西元前二三七五年－前二三四五年）

第六王朝（西元前二三四五年－前二一八一年）

【主要統治者】特提（西元前二三四五年－前二三三三年）
佩皮一世（西元前二三三二年－前二二八三年）
佩皮二世（西元前二二七八年－前二一八四年）

☥第一中間期（從第七王朝至第十一王朝前期）

第七王朝至第十王朝

為數眾多的法老姓名不詳

第十一王朝

【主要統治者】因提夫家族

☥中王國時期（第十一王朝後期至第十二王朝，約西元前二〇六〇年—前一七八五年）

第十一王朝後期

【主要統治者】孟圖霍特普家族

第十二王朝（西元前一九九一年—前一七八五年）

阿蒙涅姆赫特家族和塞索斯特利斯家族，其中包括塞索斯特利斯三世（西元前一八七八年—前一八四二年）和塞貝克諾弗魯（西元前一七九〇年—前一七八五年）

第二中間期（第十三王朝至第十七王朝，西元前一七八五年—前一五七〇年，即西克索人占領時期）

新王國時期（第十八王朝至第二十王朝，西元前一五七〇年—前一〇六九年）

第十八王朝（西元前一五七〇年—前一二九三年）[182]

【主要統治者】雅赫摩斯一世（西元前一五七〇年—前一五四六年）

阿蒙霍特普一世（西元前一五五〇年〔？〕——前一五二四年）

圖特摩斯一世（西元前一五二四年—前一五一八年）

圖特摩斯二世（西元前一五一八年—前一五〇四年）

哈特謝普蘇特（西元前一四九八年—前一四八三年）

圖特摩斯三世（西元前一五〇四年—前一四五〇年）

阿蒙霍特普二世（西元前一四五三年—前一四一九年）

圖特摩斯四世（西元前一四一九年—前一三八六年）

182 關於不同統治者的具體年份及在位時間，詳見 C. Vandersleyen, *L'Égypte et la vallée du Nil*, PUF, t. II, p. 663.

阿蒙霍特普三世（西元前一三八六年－前一三四九年）
阿蒙霍特普四世／阿肯那頓（西元前一三五〇年－前一三三四年）
圖坦卡門（西元前一三三四年－前一三二五年）
阿伊（西元前一三二五年－前一三二一年）
哈倫海布（西元前一三二一年－前一二九三年）

第十九王朝（西元前一二九三年－前一一八八年）

【主要統治者】拉美西斯一世（西元前一二九三年－前一二九一年在位）
塞提一世（西元前一二九一年－前一二七八年）
拉美西斯二世（西元前一二七八年－前一二一二年）
麥倫普塔赫（西元前一二一二年－前一二〇二年）
塞提二世（西元前一二〇二年－前一一九六年）
阿蒙麥西斯（西元前一二〇二年－前一一九九年）
西普塔赫（西元前一一九六年－前一一八八年）
塔沃斯塔（西元前一一九三年－前一一八八年）

第二十王朝（西元前一一八八年－前一〇六九年）

【主要統治者】塞特納克特（西元前一一八八年－前一一八六年）

拉美西斯三世（西元前一一八六年－前一一五四年）

拉美西斯四世——拉美西斯十一世（西元前一一五四年－前一〇六九年）

第三中間期（第二十一王朝至第二十五王朝，西元前一〇六九年－前六七二年）

第二十一王朝（西元前一〇六九年－前九四五年）

第二十二王朝——第二十三王朝（西元前九四五年－前七一五年），亦稱「利比亞王朝」

第二十四王朝（西元前七三〇年－前七一五年），統治尼羅河三角洲地區

第二十五王朝（西元前七五〇年－前六五六年），亦稱「努比亞王朝」

後王朝時期（第二十六王朝至亞歷山大大帝征服埃及，西元前六七二年－前三三三年）

第二十六王朝（西元前六七二年－前五二五年），亦稱「塞易斯王朝」

第二十七王朝，第一次波斯統治時期（西元前五二五年－前四〇五年）

第二十八王朝（西元前四〇五年－前三九九年在位）

第二十九王朝（西元前三九九年－前三八〇年）

第三十王朝（西元前三八〇年－前三四二年）

第二次波斯統治時期：西元前三四二年－前三三三年

托勒密王朝統治時期：西元前三三三年－前三〇年

羅馬統治時期：西元前三〇年－西元三九五年

拜占庭和科普特統治時期：三九五年－六三九年

阿拉伯人入侵：六三九年

附錄 2　註釋及參考文獻縮寫說明

ASAE : Annales du Service des Antiquités de l'Égypte, Le Caire.（埃及古代文物部年鑑，開羅）

BES : Bulletin of the Egyptological Seminar, New York.（埃及學研討會通訊，紐約）

BIFAO : Bulletin de l'Institut français d'archéologie orientale, Le Caire.（法國東方考古學院通訊，開羅）

BSEG : Bulletin de la Société d'égyptologie, Genève.（埃及學協會通訊，日內瓦）

BSFE : Bulletin de la Société française d'égyptologie, Paris.（法國埃及學協會通訊，巴黎）

Caire, CG : Catalogue général（總目錄）

Caire, JE : Journal d'entrée（入門日報）

CdE : Chronique d'Égypte, Bruxelles.（埃及編年史，布魯塞爾）

DE : Discussions in Egyptology, Oxford.（關於埃及學的討論，牛津）

GM : Göttinger Miszellen, Göttingen.（哥廷根雜記，哥廷根）

JARCE : ournal of the American Research Center in Egypt, New York.（美國埃及研究中心日刊，紐約）

JEA : The Journal of Egyptian Archaeology, Londres.（埃及考古學日刊，倫敦）

JNES : *ournal of Near Eastern Studies*, Chicago.（近東研究日刊，芝加哥）

JSSEA : The Journal of the Society for the Study of Egyptian Antiquities, Toronto.（埃及文物研究協會日刊，多倫多）

LdÄ : Lexikon der Ägyptologie, Wiesbaden.（古埃及百科全書，威斯巴登）

MDIAK : Mitteilungen des Deutschen Instituts für Ägyptische Altertumskunde in Kairo, Wiesbaden.（德國埃及考古研究所開羅報告，威斯巴登）

RdE : Revue d'égyptologie, Paris.（埃及學雜誌，巴黎）

SAK : Studien zur Altägyptischen Kultur, Hambourg.（古埃及文化研究，漢堡）

附錄 3　參考文獻

ALLAM S., *Beiträge zum Hathorkult (bis zum Ende des Mittleren Reiches)*, Munich, 1963.

——,《Ehe》, *LdÄ* I, 1162-1181.

——,《Familie》, *LdÄ* II, 101-113.

——,《Geschwisterehe》, *LdÄ* II, 568-570.

——,《Quelques aspects du mariage dans l'Égypte ancienne》, *JEA* 67, 1981, p. 116-135.

——,《Die Stellung der Frau im alten Ägypten》, *Bibliotheca Orientalis* 26, 1969, p. 155-159.

ALTENMÜLLER H.,《Bemerkungen zu den neu gefundenen Daten im Grab der Königin Twosre (KV 14) im Tal der Könige von Theben》, in *After Tutankhamun*, Londres-New York, 1992.

——,《Das Grab der Königin Tausret im Tal der Könige von Theben》, *SAK* 10, 1983, p. 1-24 et GM 84, 1985, p. 7-17.

——,《Tausret und Sethnacht》, *JEA* 68, 1982, p. 107-115.

ASSAAD F., *À propos de Hatchepsout. Mythe et Histoire*, Sesto Congresso internazionale di egittologia, Atti I, 1992, Turin, p. 23-27.

ASSMANN J., Maât, *l'Égypte pharaonique et l'idée de justice sociale*, Paris, 1999.

——,《Muttergattin》, *LdÄ* IV, 264-6.

——,《Muttergottheit》, *LdÄ* IV, 266-271.

BLACKMANN A.M.,《On the Position of Women in the Ancient Egyptian Hierarchy》, *JEA* 7, 1921, p. 8 *sq.*

BRINGMANN L., *Die Frau im ptolemaisch-kaiserlichen Ägypten*, 1939.

BRUNNER-TRAUT E.,《Liebe》, *LdÄ* III, 1034-1048.

——,《Die Stellung der Frau im Alten Ägypten》, *Saeculum* 38, 1987, p. 312-335.

BRYAN B.M.,《Evidence for Female Literacy from Theban Tombs of the New Kingdom》, *BES* 6, 1984, p. 17-32.

COLE D.,《The Role of Women in the Medical Practice of Ancien Egypt》, *DE* 9, 1987, p. 25-9.

DRIOTON E.,《La Femme dans l'Égypte antique》, *in La Femme*

nouvelle, Le Caire, 1950, p. 8-38.

DUNHAM D., SIMPSON W., *The Mastaba of Queen Mersyankh III G 7530-7540, Giza Mastabas* I, Boston, 1974.

La Femme au temps des pharaons, Musées royaux d'Art et d'Histoire de Bruxelles, Mayence, 1985.

FEUCHT E.,《Kind》, *LdÄ* III, 424-437.

——,《Mütter》, *LdÄ* IV, 253-263.

FISCHER H.G.,《Administrative Titles of Women in the Old and Middle Kingdom》, in *Varia (Egyptian Studies I)*, The Metropolitan Museum of Art, New York, 1976, p. 69-79.

——, *Egyptian Women of the Old Kingdom and of the Heracleopolitan Period*, The Metropolitan Museum of Art, New York, 1989.

FLAMARION E., *Cléopâtre. Vie et mort d'un pharaon*, Paris, 1993.

GABOLDE M., *Akhénaton, du mystère à la lumière*, Paris, 2005.

GALVIN M., *The Priestesses of Hathor in the Old Kingdom and the 1st Intermediate Period*, Brandeis University Ph.D. 1981, University Microfilms International Order no 8126877.

GAUTHIER-LAURENT M.,《Les scènes de coiffure féminine dans l'ancienne Égypte》, *Mélanges Maspero* II, 1935-38, p. 673 *sq.*

GITTON M., *L'Épouse du dieu Ahmes-Néfertary*, Besançon, 1975.

——, *Les Divines Épouses de la XVIIIe dynastie*, Besançon, 1984.

——,《Le rôle des femmes dans le clergé d'Amon à la XVIIIe dynastie》, *BSFE* 75, 1976, p. 31-46.

GITTON M., LECLANT J.,《Gottesgemahlin》, *LdÄ* II, 792-812.

GOYON J.-C.,《Isis-Scorpion et Isis au Scorpion》, *BIFAO* 78, 1978, p. 439-458.

GRAEFE E., *Untersuchungen zur Verwaltung und Geschichte der Institution der Gottesgemahlin des Amun von Beginn des Neuen Reiches bis zur Spätzeit*, Wiesbaden, 1981.

HABACHI L.,《La reine Touy, femme de Séthi Ier, et ses proches parents inconnus》, *RdE* 21, 1969, p. 27-47.

HARARI I.,《La capacité juridique de la femme au Nouvel Empire》, *Revue internationale des droits de l'Antiquité, Bruxelles*, 30 (1983), p. 41-54.

《Hatchepsout, femme-Pharaon 》, *Les Dossiers d'Archéologie, Dijon*, 1993.

HELCK, W.,《Beischläferin》, *LdÄ* I, 684-6.

——, 《Scheidung》, *LdÄ* V, 559-560.

JÁNOSI P., 《The Queens of the Old Kingdom and their Tombs》, *BACE* 3, 1992, p. 51-57.

JÉQUIER G., 《Les femmes de Pépi II》, in *Studies presented to F.LL. Griffith*, 1932, p. 9-12.

JUNGE F., 《Isis und die ägyptischen Mysterien》, in *Aspekte der spätägyptischen Religion*, 1979, p. 93-115.

KANAWATI N., 《 Polygamy in the Old Kingdom of Egypt》, *SAK* 4, 1976, p. 149-160.

KMT, volume 5/4, 1994-1995, *Goddesses and Women.*

KUCHMAN L., 《The Titles of Queenship》, *Newsletter SSEA* 7, no 3, 1977, p. 9-12 ; 9, 1978-9, p. 21-25.

LEBLANC C., *Ta Set Néferou. Une nécropole de Thèbes-Ouest et son histoire, Le Caire,* 1989.

——, *Néfertari,* 《 *l'Aimée de Mout*》, Monaco, 1999.

——, *Reines du Nil,* Paris, 2009.

LECLANT J., 《Gottesgemahlin》, *LdÄ* II, 792-815.

——, 《Tefnout et les divines adoratrices thébaines》, *MDIAK* XV, 1966, p. 166-171.

LE CORSU F., *Isis, mythe et mystères,* Paris, 1977.

LEHNER M., 《The Pyramid Tomb of Hetep-Heres and the satellite pyramid of Khufu》, *SDAIK* 19, Mayence, 1985.

LESKO B., *The Remarkable Women of Ancient Egypt,* Providence, 1987.

——, ed., *Women's Earliest Records from Ancient Egypt and Western Asia,* Atlanta, 1989.

LÜDDECKENS E., 《Eheurkunde》, *LdÄ* I, 1181-3.

MACRAMALLAH B., *Le Mastaba d'Idout,* Le Caire, 1935.

MALAISE M., 《La position des femmes sur les stèles du Moyen Empire》, *SAK* 5, 1977, p. 183-198.

MANNICHE L., *Sexual Life in Ancient Egypt,* Londres, 1987.

MARUÉJOL F., 《La nourrice : un thème iconographique》, *ASAE* 49, 1983, p. 311-319.

MONTET P., 《Reines et pyramides》, *Kêmi* XIV, 1957, p. 92-101.

MORENZ S., *Die Stellung der Frau im Alten Ägypten,* 1967.

MÜLLER D., 《Gottesharim》, *LdÄ* II, 815.

MÜNSTER M., *Untersuchungen zur Göttin Isis vom Alten Reich bis zum Ende des Neuen Reiches,* Munich, 1968.

MYSLIWIEC K.,《La mère, la femme, la fille et la variante féminine du dieu Atoum》, *Études et Travaux* 13, Varsovie, 1983, p, 297-304.

NAGUIB S.-A., *Le Clergé féminin d'Amon thébain*, Louvain, 1990.

——,《"Fille du dieu", "épouse du dieu", "mère du dieu" ou la métaphore féminine》, in *The Intellectual Heritage of Egypt. Studies Kákosy*, Budapest, 1992, p. 437-447.

Nofret. Die Schöne, Die Frau im Alten Ägypten, Hildesheim, 1985.

PESTMAN P., *Marriage and Matrimonial Property in Ancient Egypt*, Leyde, 1961.

PIRENNE J.,《Le statut de la femme dans l'ancienne Égypte》, in *Recueils de la Société Jean-Bodin, XI : La femme*, Bruxelles, 1959, p. 63-77.

POMEROY S.B., *Women in Hellenistic Egypt from Alexander to Cleopatra*, New York, 1984.

QUAGEBEUR J.,《Reines ptolémaïques et traditions égyptienne》, in *Das ptolemaische Ägypten*, 1978, p. 245-262.

RATIE S., *La Reine Hatchepsout. Sources et problèmes*, Leyde, 1979.

REISER E., *Der königliche Harim im alten Ägypten und seine Verwaltung*, Vienne, 1972.

REISNER G.A., *A History of the Giza Necropolis*, vol. II, publication revue et complétée par W. Stevenson Smith. *The Tomb of Hetep-Heres, the Mother of Cheops*, Cambridge (Massachusetts), 1955.

REVILLOUT E., *La Femme dans l'Antiquité égyptienne (l'Ancienne Égypte d'après les papyrus et les monuments*, tome II), 1909.

SAMSON J., *Nefertiti and Cleopatra. Queen-Monarchs of Ancient Egypt*, Londres, 1985.

SANDER-HANSEN C.E., *Das Gottesweib des Amun*, Copenhague, 1940.

SCHMIDT H.C., WILLEITNER J., *Nefertari, Gemahlin Ramses II*, Mayence, 1994.

SCHOTT S., *Les Chants d'amour de l'Égypte ancienne*, Paris, 1955.

SCHULMAN A.R.,《Diplomatic Marriage in the Egyptian New Kingdom》, *Journal of Near Eastern Studies* 38, 1979, p. 177-193.

SCHULZE P.H., *Frauen im Alten Ägypten. Selbständigkeit und Gleichberechtigung im häuslichen und öffentlichen Leben*, Bergisch Galdbach, 1987.

SEIPEL W.,《Harim, Harimsdäme》, *LdÄ* II, 982-987.

——,《Hatschepsut I》, *LdÄ* II, 1045-1051.

——,《Königin》, *LdÄ* III, 464-468.

——,《Königsmutter》, *LdÄ* III, 538-540.

——, *Untersuchungen zu den ägyptischen Königinnen der Frühzeit und des Alten Reiches*, Hambourg, 1980.

SIMPSON W.K.,《Polygamy in Egypt in the Middle Kingdom ?》, *JEA* 60, 1974, p. 100-105.

STEFANOVIC D., *Dossiers of Ancient Egyptian Women. The Middle Kingdom and Second Intermediate Period*, Londres, 2016.

TALLET P., *Douze reines d'Égypte qui ont changé l'Histoire*, Paris, 2013.

TANNER R.,《Untersuchungen zur Rechstellung der Frau in pharaonischen Ägypten》, *Klio* 45, 1966 et 46, 1967.

——,《Untersuchungen zur Ehe- und erbrechtlichen Stellung der Frau in pharaonischen Ägypten》, *Klio* 49, 1967, p. 5-37.

TEFNIN R., *La Statuaire d'Hatshepsout, portrait royal et politique sous la XVIIIe dynastie*, Bruxelles, 1979.

THAUSING G., GOEDICKE H., *Nofretari. A Documentation of the Tomb and its Decoration*, Graz, 1971.

THEODORIDES A.,《Frau》, *LdÄ* II, 280-295.

TROY L., *Patterns of Queenship in Ancient Egyptian Myth and History*, Uppsala, 1986.

TYLDESLEY J., *Daughters of Isis, Women of Ancient Egypt*, Harmondsworth, 1994.

VANDERSLEYEN C.,《Les deux Ahhotep》, *SAK* 8, 1980, p. 237-241.

VERCOUTTER J., La Femme en Égypte ancienne, in : *Histoire mondiale de la femme* I, 1965, pp. 61-152.

VERNER M.,《Die Königsmutter Chentkaus von Abusir und einige Bemerkungen zur Geschichte der 5. Dynastie》, *SAK* 8 (1980), p. 243-268.

WARD W.A., *Essays on Feminine Titles of the Middle Kingdom and related Subjects*, Beyrouth, 1986.

WATTERSON B., *Women in Ancient Egypt*, New York, 1991.

WENIG S., *La Femme dans l'ancienne Égypte*, Paris-Genève, 1967.

WERBROUCK M., *Les Pleureuses dans l'ancienne Égypte*, 1938.

WILDUNG D.,《Nouveaux aspects de la femme en Égypte pharaonique》, *BSFE* 102, 1985, p. 9-25.

——,《 Métamorphoses d'une reine. La tête berlinoise de la reine Tiyi》, *BSFE* 125, 1992, p. 15-28.

WILKINSON R.H., *Tausert. Forgotten Queen and Pharaoh of Egypt*, Oxford, 2012.

——, *The Temple of Tausret*, University of Arizona Egyptian Expedition, 2013.

YOYOTTE J.,《Les vierges consacrées d'Amon thébain》, *Compte rendus de l'Académie des inscriptions et belles lettres*, 1961, p. 43-52.

——,《Les Adoratrices de la Troisième Période intermédiaire》, *BSFE* 64, 1972, p. 31-52.

ŽABKAR L.V., *Hymns to Isis in Her Temple at Philæ*, Hanovre-Londres, 1988.

ZIEGLER C.,《Notes sur la reine Tiyi》, in *Hommages à Jean Leclant* I, 1994, p. 531-548.

——, *Reines d'Égypte. D'Hétéphérès à Cléopâtre*, Monaco-Paris, 2008.

ZIVIE C.M.,《Nitokris》, *LdÄ* IV, 513-4.

她們的古埃及

從創世女神到末代女法老，古埃及三千年的女性力量

CES FEMMES QUI ONT FAIT L'ÉGYPTE - D'Isis à Cléopâtre

作　　者　克里斯提昂·賈克 (Christian Jacq)
譯　　者　孔令豔、潘寧
美術設計　吳郁婷
內頁排版　高巧怡
行銷企劃　蕭浩仰、江紫涓
行銷統籌　駱漢琦
業務發行　邱紹溢
營運顧問　郭其彬
特約編輯　江　灩
責任編輯　李世翎、林淑雅、吳佳珍
總 編 輯　李亞南
出　　版　漫遊者文化事業股份有限公司
地　　址　台北市103大同區重慶北路二段88號2樓之6
電　　話　(02) 2715-2022
傳　　真　(02) 2715-2021
服務信箱　service@azothbooks.com
網路書店　www.azothbooks.com
臉　　書　www.facebook.com/azothbooks.read

發　　行　大雁出版基地
地　　址　新北市231新店區北新路三段207-3號5樓
電　　話　(02) 8913-1005
訂單傳真　(02) 8913-1056
初版一刷　2024年08月
定　　價　台幣450元

ISBN　978-986-489-785-8

國家圖書館出版品預行編目 (CIP) 資料

她們的古埃及：從創世女神到末代女法老, 古埃及三千年的女性力量/ 克里斯提昂. 賈克 (Christian Jacq) 著；孔令豔, 潘寧譯. -- 初版. -- 臺北市：漫遊者文化事業股份有限公司, 2024.08
304 面；14.8X21 公分
譯自：CES FEMMES QUI ONT FAIT L'ÉGYPTE : d'Isis à Cléopâtre
ISBN 978-986-489-785-8 (平裝)
1.CST: 古埃及　2.CST: 文化史
761.3　　112004886